保育現場で使える
カウンセリング・テクニック

子どもの
保育・発達支援 編

諸富祥彦　冨田久枝 編著

ぎょうせい

はじめに

　この本、『保育現場で使える　カウンセリング・テクニック』は、保育所やこども園、幼稚園の先生方に、「今すぐ現場で使えるカウンセリングの技法と考え方」を学んでいただくための、2巻シリーズ本です。

　【子どもの保育・発達支援編】では、子どもの心を支え、子どもの心の問題を解決するために、保育現場で今すぐ使えるカウンセリング・テクニックを紹介しました。

　【保護者支援、先生のチームワーク編】では、先生方が保護者の心を支え、問題を解決していくために使える技法とその背景にある理論を紹介しました。またそれに加えて、同僚の先生方を支え、うまくチームワークをつくっていくために有効に使うことのできる技法とその背景にある理論を紹介しました。

　いずれの巻でも、最初に、基本的なカウンセリングの技法について紹介したうえで、保育現場の現状、子どもたちの心の現状、そして、保護者の方々の置かれている現状を分析しました。そのうえで、様々な「事例」（実際にあったことやそれをもとにした話）を紹介し、そこでどのような関わり方が、どのように役に立ったかを紹介しています。

　様々な事例の中に、「あ、これは〇〇くんに似ている」「あ、これは、〇〇さんの問題に近い」と思われる事例がいくつかあるでしょう。

　それをぜひ、実際に、子どもたちとの関わりや、保護者との関わり、同僚の先生方との関わりに生かしていってください。

　必ず、効果を実感できるはずです。

　「あの本を読んでよかった」

　「こういうとき、どうすればいいか、具体的にわかった」

　「前だったら、こうはできなかった。あの本を読んでいたから、こうできた」

　そう思えるような内容にしていきました。

　ぜひすぐに、現場でお役立てください！

　ところで、カウンセリングを学ぶのになぜ「現場ですぐに使えるテクニック」を紹介するのか、疑問に思われる方もいるかもしれません。

　それは、カウンセリングを学んでも、「役に立たなければ仕方がない」と思うからです。

　現場ですぐに使える技法を学び、それを使ってみて、実際に効果を実感できる。

　このくり返しが、カウンセリングの技法の習得に有効です。

　「あの技法を使ってみたら、あの保護者にいつもよりうまく対応できた」

「このテクニックをこう使ってみたら、子どもの様子がいつもと明らかに違った」
　そんな経験の積み重ねの中で、カウンセリングは身に付いていくのです。
　そのためには、まずは「使えること」「役に立つこと」が必要です！
　ぜひ、本を読まれたら、すぐ、実際にやってみてください。
　そして、カウンセリングのテクニックを学び、使っているうちに多くの人が気づくことがあります。
　カウンセリングを学ぶ多くの先生方が「カウンセリングのテクニックを使って、子どもや保護者に関わっているうちに、単にうまく関われるようになっただけではない。自分のものの見方、考え方や感じ方が変化していることに気づいた」とおっしゃいます。
　例えば、リフレーミングという技法があります。これは「臆病で、グズグズしていて、決められない」子どもがいるときに、その否定的な特徴を異なる角度から「リフレーム」する（枠づけし直してみる）ことで「短所を長所に変える」技法です。
　先の「臆病で、グズグズしていて、決められない子」は、見方を変えれば、「ものごとを慎重にゆっくり判断する、ていねいな子」です。先生の見方を変えると、子どもの短所は長所に変わるのです。そして、「僕、グズグズして、ゆっくりしかできないんだ」と言って落ち込んでいる子に「○○くんは、ゆっくり、ていねいに考える子なんだね。それがあなたのいいところだよ」と伝えていきます。
　これを毎日のように、何人もの子どもに使っているうちに、そうした子どもへの関わりの姿勢が、先生の中に定着していくことに気づいていきます。一見、だめな短所に見える点も、実はその人の個性であり持ち味であることに気づくのです。
　そしてこれをくり返していくうちに、先生は自分自身のものの見方、感じ方が変わっていることに気づきます。自分の人間への関わりの姿勢、価値観、生きる姿勢自体がいつの間にか変化し、人間としての成長、自己成長を果たしていくのです。
　そうです。カウンセリングを学んでいると、単に子どもや保護者、同僚にうまく関われるようになっていくだけではありません。「人間としての自分自身」が変化し成長していくのです。
　単に役に立つだけではない。それを学ぶうちに、人間として成長していく。生き方が変わっていく。これがカウンセリング学習の大きな魅力です。
　さぁ、いっしょに勉強していきましょう！

諸富　祥彦

目　次

はじめに

第1章　子どもと関わるカウンセリング・テクニック

1　ペーシング（雰囲気合わせ）、ミラーリング（言葉合わせ、動作合わせ）　8
2　うなずき、あいづち　9
3　伝え返し（言葉）　10
4　伝え返し（ポーズ）　11
5　わたしメッセージ　12
6　リフレーミング（見方を変えれば短所が長所に変わる）　13
7　勇気づけ（アドラー心理学）　14
8　がんばり見つけ（構成的グループエンカウンター）　15
9　ありがとう回し（クラス会議）　16
10　行動の手本を見せるモデリング　17
11　ピア・サポート　18
12　ピースフルスクールプログラム〔幼児用〕
　　（子どもの自尊心と自制心を育て他者への共感力を高める）　19

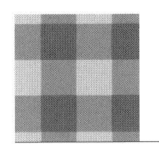

第2章　保育現場から見える"いまどき"の子どもたちの姿
　　　　　──生活できない・遊べない・生きられない──

1　子どもの発達に影響を及ぼす社会的な課題 …………………………………………22
　【1】核家族化・少子化と子どもの発達　22
　【2】子育て支援の広がりと子どもの発達　24
　【3】情報化と子どもの発達　26

2　保育現場におけるカウンセリングニーズから見た子どもの実態..................27
　　【1】保育現場におけるカウンセリングの必要性　27
　　【2】幼稚園教育要領、保育所保育指針の変遷と子どもの姿の変遷　27
3　発達的視点から見た子どもの姿..................28
　　【1】生活できない　29
　　【2】遊べない　30
　　【3】生きられない　30
　　【4】発達障害の子どもたち　31

●Column　発達のアセスメント　34
●Column　虐待を受けている子どもの特徴と保育者の困難　36

第3章　事例で考える　保育者のためのカウンセリング・テクニック

● 0歳からおおむね1歳半まで

1　「聞こえ」が気になるサトシくんの場合〔聴覚の異常〕　40
2　「『ママ』が出てこない」カンタくんの場合〔音声表出・言語発達の問題〕　44
3　「育ち」が気になるミユキちゃんの場合〔発育不全〕　48
4　「おとなしい、笑わない、表情が乏しい」ユイちゃんの場合〔情緒発達の障害〕　52
5　「人見知りがない・行動が激しく安定しない」ケンくんの場合〔アタッチメントの形成不全／社会性の障害〕　56
6　「イナイイナイバアを喜ばない」カナちゃんの場合〔ふり・見立て（象徴機能）の発達障害〕　60

●Column　インリアル・アプローチ（言語心理学的技法）　64

7　「昼寝を嫌がる」ヒロシくんの場合〔発達障害による知覚過敏や生活リズムの乱れ〕　66
8　「食べ物の咀嚼が悪く、離乳が進まない」リエちゃんの場合〔咀嚼・離乳の遅れ〕　70

● Column　発達課題と発達支援　74
● Column　保育カンファレンス　76

●おおむね1歳半から6歳まで

1　「知的な障害がある」ユウキくんの場合〔知的障害〕　78

2　「しゃべり方」が気になるユウダイくんの場合〔構音の異常〕　82

3　「集団になじみにくい」マキちゃんの場合〔非社会性の問題〕　86

4　「友達と遊べない・指示がなければ行動できない」コウタくんの場合〔引っ込み思案（非社会性）の問題〕　90

5　「友達とのけんかが絶えない、かんしゃくの激しい」シンくんの場合〔攻撃性／反社会性の問題〕　94

6　「排泄が自立せずオムツが取れない」マサオくんの場合〔発達障害による排泄感覚の鈍さ〕　98

7　「集団場面になるとパニックになり勝手な行動をとる」タクヤくんの場合〔多動傾向／注意欠如〕　102

● Column　発達障害とは　107

8　「遊びや生活に意欲や関心が持てない」ケイスケくんの場合〔注意欠如／知的な遅れ〕　108

9　「保育者になじめない、甘えてこない（母親から離れない）」ユミちゃんの場合〔分離不安／登園拒否〕　112

● Column　愛着と発達　116

10　「朝起きられず、登園時間がまちまち」なコウキくんの場合〔生活リズムの乱れ／養育問題〕　118

11　「着替えや食事が自分でできない」タダシくんの場合〔身辺自立の未完成〕　122

12　「食べ物の好き嫌いが激しく、食事場面でもめる」アイカちゃんの場合〔生活習慣の自立の遅れ〕　126

13　「食事のトラブルが多い」サエコちゃんの場合〔食事場面での困難さ〕　130

14 「手足の動きがぎこちなく、運動が苦手」なケンイチくんの場合〔身体発達の遅れ〕 134

15 「攻撃的な行動（友達を噛む、ひっかく）」が気になるチアキちゃんの場合〔社会性の課題〕 138

●Column　先生がつい見落としてしまいがちな、おとなしい子どもたち　142

16 「まばたき」が気になるリクヤくんの場合〔チック／神経性習癖〕 144

17 「指しゃぶり」が気になるユリカちゃんの場合〔指しゃぶり、爪噛み／神経性習癖〕 148

18 「性器いじり」が気になるカズヤくんの場合〔性器いじり／神経性習癖〕 152

19 「頻尿」が気になるケンタくんの場合〔夜尿・頻尿／神経性習癖〕 156

20 「文字や学習に全く関心がない」リュウくんの場合〔知的発達の遅れ／LD傾向〕 160

●Column　子どもが虐待を受けているかも？と思ったときに
　　　　　～他機関との連携について～　164

編著者・執筆者一覧

第 1 章

子どもと関わる
カウンセリング・テクニック

1 ペーシング（雰囲気合わせ）、ミラーリング（言葉合わせ、動作合わせ）

　ペーシング（雰囲気合わせ）とミラーリング（言葉合わせ、動作合わせ）は、先生と子どもが、同じ雰囲気、同じ心の世界を共有するための基本的な技法です。
　ペーシングは、文字どおり、ペースを子どもに合わせることです。
　ゆっくりな子には、ゆっくり。
　元気ではやい子には、元気ではやく。
　ペースを合わせ、雰囲気を合わせて、子どもと先生がぴたっと調子を合わせていきます。
　子どもの呼吸を感じて、呼吸を合わせて、一体感をつくっていくのです。
　ミラーリングは、子どもの動作や言葉をその子のミラー（鏡）になっているかのようにして映し出し、子どもとぴたっと調子を合わせ、心の世界を共有する技法です。
　例えば、子どもが「あ、鳥だ！」と言って、空のほうに指を突き出したとしましょう。
　先生も、「あ、鳥だ！」と言って、同じような動作をし、同じ言葉を同じような雰囲気で、くり返すのです。
　子どもが、気持ちを表現したところで、先生が、同じ動作、同じ言葉を、同じようなリズムで、同じような雰囲気で返してくれると、子どもは先生と自分が「一体になった」と感じることができます。
　一つの心の世界を感じることができるのです。

> 子ども　「あ、あそこ！」
> 保育者　「あ、あそこ！」（同じポーズをとる）
> 子ども　「やったー」
> 保育者　「やったー」（同じポーズをとる）

（諸富祥彦）

2 うなずき、あいづち

　話に耳を傾けながらうなずいたり、あいづちをうったりすることは、子どもの話を聴く上で欠くことのできない基本的な動作です。この動作で、子どもに対して「私はあなたの話を聴いているよ」「あなたの話に興味があるからもっと聴かせて欲しいな」という保育者の姿勢を示すことができます。子どもは自分の話を聴いてもらえていると感じると、安心して話をすることができます。さらに、安心した雰囲気の中で自分の話を受け止めてもらうことができると、子どもは「自分は認められている」と感じ、「自分は自分でいいんだ」という自己肯定感を高めたり、保育者との信頼関係が強くなったりします。

　しかし、ただうなずいたり、あいづちをうったりすればよいかというとそうではありません。目の前の子どもが「何を伝えようとしているのか」と思いをめぐらせながら、子どもの話に耳を傾けることが必要です。そうすることで、子どものペースに合わせてうなずいたり、あいづちをうったりすることができるでしょう。

　上の空でのうなずき・あいづちは、自ずとタイミングもずれるでしょうし、「話を聞いていませんよ」というメッセージを子どもに伝えてしまいます。また、保育者が自分の考えや価値観にとらわれた聞き方をしていたり、よい・わるいという評価的な聞き方をしていたりすると、それはうなずき・あいづちにも表れます。子どもは「これは言わないほうがいい」と感じて、ありのままの自分を表現しにくくなってしまいます。

　保育者が、子どもの気持ちに寄り添い、子どもの話を聴くことで、うなずき・あいづちは効果的なものとなるでしょう。

タケシ「さっきね、さっきね！！」
保育者（深くうなずく）
タケシ「あいつがさ、ぼくのこと、押してきてさ」
保育者「そうなんだ」
タケシ「そうなんだよ、押してきて。で、痛くって」
保育者（うんうんとうなずく）

（桑原千明）

3 伝え返し（言葉）

　言葉による伝え返しとは、子どもの話に十分に耳を傾け、子どもが伝えようとしていることを捉えて、保育者から「○○な感じかな？」と伝える方法です。伝え返しをすることで、うなずき・あいづちと同じように「あなたの話を受け取ったよ」という保育者の姿勢を示すとともに、「今、私にはこういうふうに伝わってきたけれど、あなたが伝えたいことと同じかな」と子どもに確認をすることができます。

　伝え返しをするときには、表面的にくり返したり、やみくもに気持ちを想像したりするのではなく、子どもの話している言葉や言葉以外の表現（表情、声の調子、しぐさなど）から、子どもが"どのような出来事を体験し""どのような気持ちを感じ""話している今はどのような気持ちになっているのか"ということをありありとイメージして、子どもからのメッセージを捉えることが前提になります。

　また、伝え返しでは出来事を伝え返すことと、気持ちを伝え返すことがありますが、必ずしも子どもと同じ言葉を使う必要はありません。特に幼児期は言語発達・感情発達の面から考えても、出来事を順序立てて話したり、自分の気持ちを捉えたりすることが難しいこともあります。そこで保育者には、目の前の子どもが伝えようとしていることを、時には言葉を変えたり補ったりしながら伝え返すことが求められるのです。

　子どもが伝え返しを受ける体験は、「自分のことをわかってくれるこの人にもっと話をしたい」という信頼関係にもつながるでしょうし、さらには「自分はこんなことを思っているんだ」「自分はこんなことを体験していたんだ」と自分の気持ちを確認して新たなことに気がついたり、出来事を整理することで気持ちの波に押し流されずに済んだり、ということにもつながるでしょう。

> **リエ**　（目に涙をいっぱいに溜めて）「もうやだ！　やだ！　あの子とは遊びたくない！　やだ！　やだ！『入れて』って言ったのに『ダメ』って言われた！　もうやだ！」
> **保育者**「仲間に入れてもらえなくて、悲しいし、怒ってるんだね」

（桑原千明）

4　伝え返し（ポーズ）

　コミュニケーションには、言語によるものと、非言語（視線、表情、声の調子、しぐさなど）によるものの二つがあります。この二つは密接に結びついており、言葉以外の表現が話し手の伝えようとしていることを知る手がかりとなることもありますし、言葉以外の表現こそが話し手の心の在り様を表していることもあります。

　ポーズによる伝え返しとは、保育者が捉えた子どもからのメッセージを言葉以外の表現で伝え返すことです。ポーズによる伝え返しは、言葉によるものと同じように、「今、私にはこういうふうに伝わってきたけれど、どうですか？」という保育者から子どもへの確認となりますし、子どもと保育者がつながるきっかけにもなります。

　伝え返し（言葉）のページにもあるように、幼児期の子どもは伝えたいことを言葉にできないこともあり、その伝えたいことが言葉以外の表現として表れていることもあります。保育者がその言葉にできない気持ち・状況を捉えて、子どもの表現したポーズで伝え返すことにより、子どもは保育者とつながりを感じることができるでしょう。

　さらに、子どもは自分の表現を受け止めてくれる人との間で安心感のあるやりとりをしていくうちに、言葉にする準備や言葉を受け取る準備ができるでしょう。

　また、子どもが言葉で表現をしている場合でも、言葉だけに注目をするのではなく、言葉以外の表現にも注目をし、言葉以外の表現が子どもの伝えたいことをありありと表している場合には、ポーズによる伝え返しを用いることも効果があるでしょう。その伝え返しにより、子どもは保育者が自分と同じように考え、感じていると思うはずです。

　　大きな足音を立てて保育室に入ってきたキヨシは、ため息をついて腕組みをしました。その様子に気づいた保育者がキヨシを観察していると、キヨシは腕組みをしたまま、もう一度大きなため息をつきました。
　　そこで、保育者がキヨシの傍に行って腕組みをすると、キヨシは保育者をちらりと見てさらにため息をつきました。保育者もため息をついてみると、キヨシが「先生も『はぁ…』なの？」と聞いてきました。

（桑原千明）

5 わたしメッセージ

　「わたしメッセージ」は、保育者が自分の「気持ち」を子どもにうまく伝えるためのカウンセリング・テクニックです。トーマス・ゴードン博士が開発した「親業」の技法の一つです。

　子どもに自分の気持ちがうまく伝わらずに、困った経験は誰もが持っているものです。自分の気持ちを伝えただけだったのに、子どもは「あの先生は、私のことを嫌いなんだ……」となって、ふさぎこんでしまう場合もあります。

　そんなとき、私たちの多くはいつのまにか「あなたメッセージ」を送っています。

　例えば、「まったく、グズグズしているんだから！」と子どもに言うとき、その背景には、（あなたは）「まったく、グズグズしているんだから！」と隠れた二人称の主語（あなたは）が存在しているものです。

　隠れた二人称の主語を持つ「あなたメッセージ」は、相手を追い込み、「ぼくはグズなダメな子なんだ」と自己否定的な気持ちにさせて、さらに意欲を奪ってしまいます。

　では、どうすればいいでしょうか。

　隠れた主語を「わたしは」という一人称の主語にして言ってみるのです。

　例えば、先の（あなたは）「まったく、グズグズしているんだから！」という二人称の主語（あなた）を、一人称の主語（わたし）に言い換えると、（わたしは）「なんだかとても焦っちゃうんだ。次の活動に間に合わないんじゃないかと、すごく心配になっちゃって……」（わたしメッセージ）となります。

　このように言えば、子どもは先生から責められたように感じず、素直に気持ちが伝わりやすいのです。

　×　（あなたは）「まったくいつも、グズグズしちゃって！　もう！！」（あなたメッセージ）
　○　（わたしは）「なんだか先生焦っちゃって。次の活動に間に合うか、心配になっちゃうんだ」（わたしメッセージ）

（諸富祥彦）

6 リフレーミング
（見方を変えれば短所が長所に変わる）

「リフレーミング」は、子どもの「短所」を「長所」に変えるカウンセリング・テクニックです。

「リフレーミング」をしていくと、保育者の子どもに対する見方、関わり方が変わっていきます。より柔軟になり、子どもをこれまでとは異なる角度から、多面的に見ていくことができるようになっていきます。そして先生のものの見方が変わると、子どももそれに応じて、よさを発揮し変わっていくのです。

例えば、ちょっと臆病で、ものごとを決めるのにもすごく時間がかかる子がいるとしましょう。私たち大人はつい、そういう子の短所ばかりに目がゆきがちです。

「この子は、優柔不断な子だ」「ちょっとしたことも、自分で決めることができない子だ」「臆病で、勇気がない子だ」──そう考えてしまいます。

そして、「はやく決めなさい」「何、いつまでもグズグズしているのよ！」としかってしまいがちです。しかしこういう言葉をくり返されていると、子どもは「そうか、ぼくは、臆病で、グズグズした子なんだ」という思いを強めていきます。そして、よけいに臆病で、グズグズした子になっていき、先生は激しくしかってしまいがちです。

「リフレーミング」は、先生が「臆病」「グズグズ」「決められない」「優柔不断」といった言葉で否定的に見ている特徴を、もう一度、異なる角度から「リフレーム」する（枠づけし直してみる）ことをしていきます。

すると、それまで「臆病」「グズグズ」「決められない」「優柔不断」（リフレーミング前）と思っていたその子の特徴が、「慎重さ」「ていねいさ」といった「よさ」（リフレーミング後）に見えてきます。先生が変わると子どもも変わっていきます。

> **サトル**「ぼく、なんでもほかの子より、ゆっくりしかできないんだ」
> **保育者**「そうか。サトルくんは、じっくりと、ていねいに取り組むんだね。そこがあなたのいいところだよ」

（諸富祥彦）

7 勇気づけ (アドラー心理学)

「勇気づけ」は、アドラー心理学の基本的なカウンセリング・テクニックです。

子どもを一人の人間として尊重し、「○○くんだったら、○○できるよね」「○○してくれるとうれしいな」と信頼と期待を伝えていく方法です。

「ほめる」「しかる」よりも、「勇気づける」ほうが、子どもはよりよく育つとアドラー心理学では、考えます。

なぜでしょうか。「ほめる」「しかる」は、上から目線です。その背景には、子どもに対して「言わなければ、やらない子」「言わなければ、できない子」という不信感があります。「ほめる」「しかる」を大人がしていると、子どもは「言われなければできない子」になってしまいがちです。例えば、遊具を散らかしたまま部屋を出ていく子をしかっていると、「しかられるのがこわいから片付ける子」「しかられる心配がなければ片付けない子」になってしまいがちなのです。

アドラー心理学の勇気づけでは、遊具を散らかしたまま部屋を出ようとする子どもに対して、しかり飛ばしません。そうではなく、「ちょっと待って。○○くん。このお部屋をきれいにして、次の子が気持ちよく遊べるようにするのに協力してくれると、先生、うれしいな。○○くんだったら、できるよね」と伝えていくのです。

子どもは、大人からの期待と信頼に応えていこうとします。大人からの期待と信頼に応えたくて、意欲を持ち、何かに取り組むのが、子どもなのです。

「子どもに対する期待と信頼」を送ること。これが勇気づけです。大人からの期待と信頼に応えようとして、子どもは伸びていくのです。

〔部屋を遊具で散らかしたまま片付けずに出ていこうとする子どもに対して〕
保育者「ちょっと待って。マサオくん。このお部屋をきれいにして、次の子が気持ちよく遊べるようにするのに協力してくれると、先生、うれしいな。マサオくんだったら、できるよね」
マサオ「……うん、ぼく、できる」(片付け始める)

(諸富祥彦)

8 がんばり見つけ
（構成的グループエンカウンター）

　がんばり見つけは、クラスの中で一人ひとりの子どもの"がんばり"をお互いに見つけ合う活動です。もちろん保育者も積極的に子どもの"がんばり"を見つけ、認めます。この活動のねらいは、①保育者と子どもとの間の信頼関係を強くすること、②子どもの自己肯定感を高めること、③お互いに認め合う受容的なクラスの雰囲気をつくること、④"がんばり"は周囲から認められる素敵なものであると子どもに伝えることです。この活動の中で"がんばり"として取り上げることは、大きな成果をあげていたり、他の友達と比べて優れていたりする必要はありません。その子どもが自分なりにがんばっていることに目を向けることが大切です。様々な実践の方法があると考えられますが、ここでは下に一例を紹介します。

　なお、がんばり見つけは、構成的グループエンカウンターの活動の一つです。構成的グループエンカウンターとは、友達とのふれあいや自分を知る機会を提供するアプローチです。ねらいを持った活動の体験（エクササイズ）と体験の感想共有（シェアリング）とを通して、友達のことや自分自身のことを知ることを目指します。

がんばり見つけの流れと保育者の働きかけ

	活動の流れ	保育者の働きかけの例
1)	数名（3、4名）のグループをつくります。子どもに活動を始めることを伝えます。	・「今から"がんばり見つけ"始めるよ」 ・手遊びなどを行います。 ・「もし、やり方がわからなかったり、困ったなと思ったら、いつでも先生に言ってね」
2)	一つの代表グループに前に出てきてもらいます。	・「今週は〇〇班さんの番だね、前に出てきてください」
3)	代表グループの中の一人の子どもの"がんばり"を保育者が伝えます。 ※子どもたちの見本になることを頭において伝えましょう。	・「今日ははじめにAくんのがんばりを見つけましょう！　先生は、Aくんはいつも先生のお顔をしっかり見てお話聞いてくれているなと思っています」
4)	その子どもの"がんばり"をグループの他の子どもたちから伝えます。	・「じゃあ、BくんはAくんのがんばっているところはどこだと思う？」
5)	代表グループ以外の子どもは"がんばり"を聞いたらみんなで拍手をします。	・「Bくんが教えてくれたよ、みんな拍手！」「次はCくんが教えてね」
6)	"がんばり"を認められた子どもに感想を聞きます。	・「Aくん、みんなから"がんばり"を見つけてもらってどんな気持ちになったかな？」 ※自分の気持ちを言葉にすることが難しいと感じた場合には、「みんなから"がんばり"見つけてもらうと嬉しいね」などと答えやすい質問にしてください。
7)	グループの一人ひとりについて、3)～6)をくり返して行います。	・「じゃあ、次はBくんのがんばりを見つけましょう」

（桑原千明）

9 ありがとう回し（クラス会議）

　「ありがとう回し」は、アドラー心理学の学級を育てる方法である「クラス会議」の一部として行われているものです。

　毎朝、一回。あるいは、帰りの会で一回。くり返し行い続けることで、ルールが守られ、あたたかな人間関係を持った子ども集団が育まれていきます。

　やり方は、簡単。まず、子ども集団全員で一重の輪になります。

　そして、一番最初にスタートする子を決めます。

　その子が、くまか、うさぎのぬいぐるみ（トーキングスティックと言います）を持ちます。

　時計まわりで、「ありがとう」を伝えていきます。

　例えば、サトシくんは、隣のタカオくんに「タカオくん、いつもやさしくしてくれて、ありがとう」と伝えます。伝えられたタカオくんは、「ありがとうと言ってくれて、ありがとう」と言って、くまのぬいぐるみを受け取ります。

　次に、タカオくんは、隣のユミさんに「ユミさん、いつも笑顔でいてくれてありがとう」と伝えて、くまのぬいぐるみを渡します。伝えられたユミさんは、「ありがとうと言ってくれて、ありがとう」と言いながら、くまのぬいぐるみを受け取ります。

　これを一回りするまで続けていきます。

　何も思いつかないときは、「隣にいてくれて、ありがとう」でもかまいません。

　どうしても思いつかないときは、パスもありです。

> **サトシ**「タカオくん、いつもやさしくしてくれて、ありがとう」（と言って、くまのぬいぐるみを渡す）
> **タカオ**「ありがとうと言ってくれて、ありがとう」（と言って、ぬいぐるみを受け取る）

（諸富祥彦）

10 行動の手本を見せるモデリング

　モデリングとは、周りの人の行動を手本として見ることで、見ていた人の行動が変わることを言います。周りの人の行動を見ることがポイントなので、観察学習とも言われています。幼児期の子どもにとっては、保護者、保育者、友達、そのすべてが手本になります。

　ここでは、保育者が子どもの手本になる場合を考えます。

　モデリングでは、どのような行動をターゲットとするか、どのような状況を見せるかによって、新しい行動を頭に入れること（行動の学習）、すでに身に付いている行動をあまりしないようになること（行動の抑制）、すでに身に付いている行動をたくさんするようになること（行動の促進）など期待される効果が異なります。

　もちろん、ただ周りの人の行動を見ているだけでも学習は進みますが、学習した行動を実行するようになるためには、手本を見せた人がよい結果を手にしている姿を見せることが効果的です。つまり、保育者が手本を見せるだけでなく、手本となる行動をする保育者同士がお互いに認め合う状況も見せるということです。

　手本を見せるときの留意点としては、子どもが見ていることを確認した上で見せること、同じ手本をくり返し見せることが挙げられます。また、子どもと保育者との間の信頼関係や、「私（ぼく）にもできそうだな」と思える行動をターゲットにすることが、「私（ぼく）も先生と同じことをやってみたいな」という気持ちにつながります。

　そして、子どもが保育者の真似をして行動する姿が見られたら、「○○しているんだね」と声をかけてその行動を認めてあげることで、行動がより定着するでしょう。

〔明るいあいさつ運動：子どもたちの登園時に毎朝くり返します〕
　シゲコ先生「フミエ先生、おはようございます！」
　フミエ先生「シゲコ先生、おはようございます！　シゲコ先生の明るいあいさつを聴くと元気が出ます！」

（桑原千明）

11 ピア・サポート

「ピア」とは仲間、「サポート」とは支援・助け合いなので、「ピア・サポート」とは仲間同士で互いに助け合うことを言います。

ピア・サポートにはいくつかの取り組みがありますが、幼稚園や保育所で実践可能なものとして、年長児が決められた活動の中で年少児のお世話をするという取り組みが挙げられます。つまり、縦割り保育や特別活動の時間などに、年上のお兄さん、お姉さんが年下の子どものお世話をするのです。この取り組みをするときに欠かせないのが、年長児にお世話をするための知識やスキルを伝えるといった事前の準備です。

ピア・サポートの体験を通して、次のことが期待されます。まず年長児は、年少児から慕われたり感謝されたり、保育者から認められたりすることで自己肯定感が高まるでしょうし、事前に学習したスキルの定着が期待されます。また年少児は、年長児に対する信頼が大きくなり、お世話してもらう経験が積み重なることで"人は自分が困ったときに助けてくれる存在だし、自分は人から助けてもらえる存在だ"と自分や他者に対するイメージがより安定したものとなるでしょう。さらに、年長児を手本にして行動をすることも期待されます。年長児と年少児のやりとりが日常的になることは、子どもたちの社会性の発達を促すとともに、自分や仲間の大切さに気づき、園内の受容的な雰囲気がつくられていくでしょう。

実践の流れと保育者の工夫

	流れ	保育者の工夫
事前学習	年長児に年少児に対するお世話の仕方（スキル；話し方、聞き方、手本になる方法など）を伝えます。	・子どもが興味をもつ方法で伝えます。 　（例）「小さい子にお話をするとき、みんなはいつもどうしているかな？」と一緒に考える。 ・時期的に余裕をもってくり返し伝えます。
活動	年少児と年長児とで一緒に活動に取り組みます。	・年長児、年少児とも楽しめる活動を設定します。 ・年長児のよい関わりがあれば認めます。 ・年長児が困っていたら、保育者がさりげなくお世話のヒントを伝えます。
振り返り①	年長児と年少児がお互いに感想を伝え合います。	・"できたこと"に注目します。 　（例①）「先生はやさしくお話ができたところがよかったと思うよ。みんなはどう思う？」 　（例②）「今日よくできたところ、嬉しかったところについて思い出してみましょう」
振り返り②	年長児、年少児がそれぞれに振り返ります。 ※言葉にすることが難しい場合は、絵などで表現することもよいでしょう。	

（桑原千明）

第1章 子どもと関わるカウンセリング・テクニック

12 ピースフルスクールプログラム〔幼児用〕
（子どもの自尊心と自制心を育て他者への共感力を高める）

　ピースフルスクールプログラムは、子どもの心を育て、園や学校を子どもにとってより安心安全な環境にする教育プログラムです。このプログラムは、園や学校を一つのコミュニティと捉え、先生と子どもたちが一緒に考え行動する民主的な共同体を実現するために開発され、すでにオランダでは広く導入されています。一般財団法人クマヒラセキュリティ財団は、ユニセフの調査でオランダが子どもの幸福度ランキング1位となったことに貢献していると考えられるこのプログラムに注目し、日本への導入に取り組んでいます。小学校では既に実績が報告され、幼児用プログラムは、2015年度より神奈川県箱根町立幼稚園での導入が予定されています。

　プログラムの学習のベースには、自尊心、自制心、共感力、リフレクション（内省）の四つの力があり、子どもたちは次のことを学びます。①クラスで役割を分担すること、②「明確に話す」「聞く」「質問する」「他人の視点で考える」といった重要なコミュニケーションスキル、③自分の感情と他人の感情の対処の方法、④対立を建設的に解決する方法や、未然に防ぐ方法、⑤お互いに助け合いながらグループやコミュニティの運営に貢献すること、⑥お互いの違いに対してオープンな態度をとること。

　子どもたちは、この学習目標に向かって、4～10のレッスンで構成された六つのユニットを学習します。実施回数や時期については、園ごとにカスタマイズすることが可能です。また、単なるスキルを身に付けるだけでなく、保育者全員がこのプログラムの本質を理解し、自らがロールモデルになり、園の文化として根づかせることで、あらゆる場面で学習することができます。

レッスン例（ユニット3：「コミュニケーションスキルを磨こう」の一部）
L17「一緒に話そう」：子どもたちは交互に話す練習、相手の話を聞く練習をします。
L18「話し合いのルールを考えよう」：グループで話をするときの約束を決め、新しいルールや約束事を書いた「話し合いのルール」というポスターを作ります。

＊ピースフルスクールプログラムについては、次ページも参照してください。
（石井ちかり）

参考 ピースフルスクールプログラムの内容

■レッスン全体

子どもたちは、週に一度、30～40分のレッスンを受けます。実施回数や時期については、園ごとにカスタマイズすることが可能です。

	単元(ユニット)	テーマ	レッスン回数	概　　要
幼児	1	わたしたちのクラス	10回	子どもたちが自分らしく過ごすことができ、先生や友達とのつながりを感じながら、自分のクラスが安心安全であると思えるコミュニティをつくります。ほめ言葉を多く使用したり、お手伝いをしてくれたときにお礼を言うなど、子どもたちに自己肯定感を高めます。
	2	対立を自分たちで解決しよう	6回	対立やけんかといったトラブルを、子どもたち自身が解決するために必要なスキルを身に付けます。けんかになったときに冷静になる練習、自分の意見をきちんと伝える練習、相手の話をしっかり聞く練習、けんかの後に仲直りする練習を行います。
	3	コミュニケーションスキルを磨こう	6回	子どもたちは、多様な人と協働できるようになるために必要なコミュニケーションスキルを身に付けます。交互に話す練習、ボディランゲージの実施、相手に質問する練習を行います。
	4	感情を認識しよう	6回	子どもたちは、嬉しい・楽しい・悲しい・怖い・怒りなどの感情について学びます。自分の気持ちを認識して言葉で伝える練習、他の人の気持ちを理解するための練習を行います。
	5	貢献しよう	4回	自分が所属しているコミュニティに貢献するためにできることを考え、必要な力を身に付けます。誰かが困っているときに手助けする練習、みんなにとって居心地の良い場所をつくるためにできることを考え、実践します。
	6	みんなの違いを認め合おう	6回	自分とは異なる人を排除しようとするのではなく、違いから学び、お互いを尊重できるようになるためのマインドとスキルを身に付けます。自分と他の人の違いを認識し、違っていても友達でいられることを学びます。

■ユニットの内容

例：ユニット3「コミュニケーションスキルを磨こう」（6レッスン）

子どもたちは、「明確に話す」「聞く」「質問をする」「他人の視点で考える」「反対意見を言う」というような重要なコミュニケーションスキルを学びます。

レッスンのテーマ

L17	一緒に話そう	「ストーリーボックス」を紹介します。子どもたちは交互に話す練習、相手の話を聞く練習をします。
L18	話し合いのルールを考えよう	グループで話をするときの約束を決めます。新しいルールや約束事を書いた「話し合いのルール」というポスターを作ります。
L19	ボディランゲージ	子どもたちは、ボディランゲージに注意を払うことも重要であることを学びます。また、自分たちもボディランゲージを実際に使ってみます。
L20	上手にお願いしよう	子どもたちはコミュニケーションにおけるお願いの仕方を学びます。
L21	あなたはどう思う？	子どもたちは、自分の意見を自由に述べてよいということを学びます。
L22	一緒に決めよう	子どもたちは、自分の意見が、時には他の人の意見と一致しなくてもよいということを学びます。

＊一般財団法人クマヒラセキュリティ財団「シチズンシップ教育　ピースフルスクールプログラム【幼児用】」を基に作成。

第 **2** 章

保育現場から見える "いまどき"の子どもたちの姿

生活できない・遊べない・生きられない

保育現場から見える"いまどき"の子どもたちの姿
── 生活できない・遊べない・生きられない ──

冨田久枝

　筆者は20余年、幼稚園の教員として保育現場で子どもたちの発達を支え、さらに、その子どもたちを支え育む保護者や保育者の相談役として側面的に支援を行ってきました。その後、幼稚園の教員から発達の専門家・大学教員として第二の人生をスタートさせて、20年になろうとしています。考えれば40年近く、子どもや保護者、そして保育者の成長を見続けてきたことになります。

　そこで、この40年の保育経験と社会的な変化を共に振り返りながら、"いまどき"の子どもたちの姿を概観し、保育現場でのカウンセリングの必要性やその在り方を考えていただけたらと思います。

1　子どもの発達に影響を及ぼす社会的な課題

【1】核家族化・少子化と子どもの発達

　まずは、保育現場と密接に関連する家族の風景の変化から、保育現場に起こった問題や子どもたちの変化を捉えていきましょう。

　保育現場での支援40年という長い月日の流れの中で、世の中も随分と変化し、家族の風景も大きく変化したように感じています。日本の社会の変化の中で、人々の生活に最も大きな影響を与えたのが高度経済成長でしょう。この経済的な発展により、日本も欧米の仲間入りを果たし、豊かでゆとりのある生活を手に入れました。その代わりに、大家族による家父長制度は崩壊し、都市を中心に核家族化や少子化が進行していきました。

　核家族化や少子化は保育現場の子どもたちの姿、つまり成長発達に直接的に関連してくる大きな事態でした。この核家族化や少子化の要因は様々あると思いますが、女性の社会進出が目ざましく進歩したことと連動するように、女性の生き方、ライフスタイルも変化して、核家族化という現象が起こったように感じています。つまり、小さな単位の家、父親と母親と子どもといった家族を守り維持するための方法として母親の就労は重要とな

第2章　保育現場から見える"いまどき"の子どもたちの姿

り、その就労をより効率的にするためには多くの子どもを産み育てることよりは、少なく産んでしっかりと育てるといった風潮が定着し、新しいライフスタイルとして定着していったように思います。

　この核家族化は家族の孤立を生み、両親はもとより子どものたちの社会的なネットワークを狭め、多くの人との関わりから学ぶ人間関係の学習機会を減少させ、結果、社会的スキルが育たない子ども、いわゆる「わがままで、自己中心的な子ども」が増加する原因になってしまったとも言われています。両親にとっても、祖父母たちからの助言やアドバイスを得られず、自分たちで判断をする子育ては、一見自由ですが、すべてを負うという責任の重さゆえに子育て不安を深刻化させる結果ともなりました。

　また、少子化について言えば、1989年に出生率が1.57まで落ち込んで、人口問題の専門家たちはこの現象を「1.57ショック」と呼び、これを契機に少子化が日本の大きな社会問題として取り上げられるようになりました。その後、2005年には史上最低の1.26を記録しました。図1に示すように、若干の回復の兆しは見えるものの、出生数回復に至っていません。

　以上のように、核家族化や少子化は家族の風景を大きく変えました。一人っ子の占める割合も増え、多くはきょうだい2名、それも男女であれば同性どうしの葛藤体験は減少

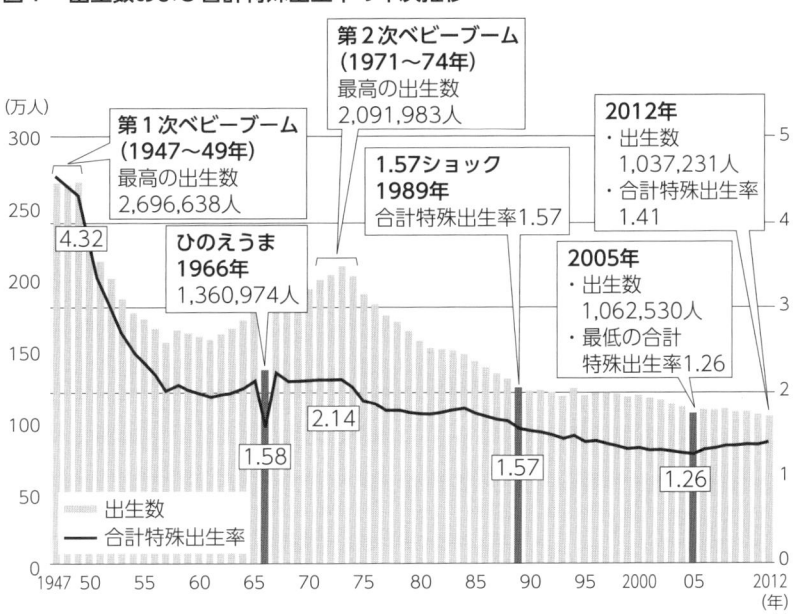

図1　出生数および合計特殊出生率の年次推移

第1次ベビーブーム（1947〜49年）最高の出生数 2,696,638人
ひのえうま 1966年 1,360,974人
第2次ベビーブーム（1971〜74年）最高の出生数 2,091,983人
1.57ショック 1989年 合計特殊出生率1.57
2005年・出生数 1,062,530人・最低の合計特殊出生率1.26
2012年・出生数 1,037,231人・合計特殊出生率1.41

4.32　2.14　1.58　1.57　1.26

出典：厚生労働省『人口動態統計』

し、一人っ子と同じように育つ子どもがほとんどという現象を生みました。この現象により、保育現場では、これまで危惧されてきた一人っ子の特徴である「社会性の未発達」や「自己中心性の高さ」「集団生活への不適応」といった課題が増加していきました。そのための、個別の対応が必要な子どもがクラスで増加して、保育者の負担も増えました。

また、家族における子どもの数は、親の養育態度にも影響を及ぼしたと思います。大人の目が行き届くことは、子どもの安全で健康な生活には重要な要件ですが、過保護、過干渉も同時に生まれ、「自分でできない」「大人の助けを待っている」といった依存性の高い子どもたちを育ててしまっているケースも少なくありません。

きょうだいの関係を依田 (1990) は「縦の関係」と「横の関係」の両方を体験できる関係として「ナナメの関係」と呼び、発達における重要性を述べています。この、「ナナメの関係」でしか学べない対人関係における様々な経験を、保育現場で補完する必要が生まれ、近年は、「縦割保育」などの年齢縦断型の保育方法を取り入れて、子どもたちの経験の幅を広げる努力をしています。

【2】子育て支援の広がりと子どもの発達

保育という仕事は、子どもの成長・発達がよりよく達成されるために、子どもの主体的な体験を尊重しながら、側面的に子どもの遊び（学び）に寄り添い、援助するものであり、その中心的な対象：主役は当然子どもということになります。しかし、保育現場では乳幼児期という幼い時期の子どもたちが対象ですので、子どもの最も重要な人的環境としての「親・養育者」との連携や家庭教育への協力も保育者の重要な職務になります。

この家庭教育への協力が、近年ますます求められるようになりました。その大きなきっかけになったのが「エンゼルプラン (1994)」の策定でした。

この「エンゼルプラン (1994)」は少子化をくい止め、親の子育て不安を解消することを願い策定されたものでしたが、この策定が大きなうねりとなり「子育て支援」が全国に広がっていきました。

当時出された重点課題を紹介しましょう。「エンゼルプラン (1994)」の重点課題は「今後の子育てのための施策の方向について」であり、子育て支援という新しい概念の導入の方向性を示すことが大きな目的になっていたようです。その後、このエンゼルプランを継続するために「新エンゼルプラン (1999)」が策定され、「重点的に推進すべき少子化対策の具体的実施計画について」と少子化対策としての施策であるという性格を前面に打ち出し、実施計画も綿密に策定されました。その後、新エンゼルプランを引き継ぐ形で「子ど

も・子育て応援プラン（2004）」が策定され、子育てをバックアップし、少子化を少しでも食い止めようという政府の施策が次々と打ち出され、「子育て支援」という言葉が社会に広まり、定着していきました。

　これらの施策の動きに合わせて、保育現場でも様々な子育て支援が求められるようになりました。保育現場として新しく導入された支援の中で「病児保育」や「長時間保育」「子育て相談の実施」など、これまでの保育内容を超えた領域まで対応を迫られる結果になり、多くの保育者の負担が増大しました。親への支援は充実しましたが、結果、子どもたちは親から離れて生活する時間が長時間化したり、土曜日も終日親の仕事の都合で預けられていたりと、子どもへの不利益や負担は増えたことになり、情緒不安定になる子どもも少なくないのが現状です。乳幼児期は親子の愛着関係を築く重要な時期でありながら、親への支援の行き過ぎは、親子関係の構築に大きな障害となるかもしれません。

　土谷・加藤・中野・竹田（2002）は、東京都と神奈川県の2市の保育園（21園：179名）・幼稚園（30園：164名）の保育者に「保育者の家庭教育に対する援助についてどのように捉えているかという保育者の意識」について質問紙調査を実施しました。

　この調査の一部の結果を以下に示しながら、近年の子どもたちの課題や姿に触れてみたいと思います。

　図2および図3によると、子どもの生活リズムでは76%が夜型と保育者は捉えていて、乱暴な行動や感情の表現、身体の動き、社会性について懸念する保育者が多かったようです。また、親の養育に関しては「大人優先の生活リズム」になっていると83%の保育者が捉え、「親のペース」では78%と親の養育に関して疑問や不安を感じている保育者意識がわかりました。これらの結果は、保育現場における保育者が見た「子どもの姿」「親の姿」の実態であり、核家族化や少子化の進行による何らかの影響もあるのかもしれません。

図2　保育中の子どもの様子

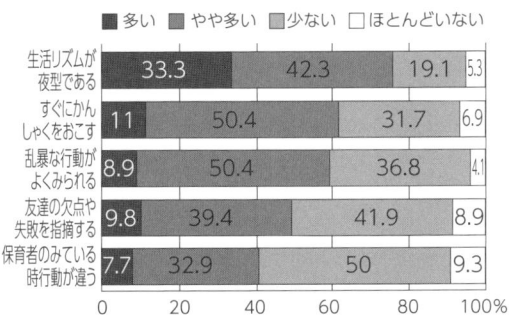

■多い　■やや多い　■少ない　□ほとんどいない

項目	多い	やや多い	少ない	ほとんどいない
生活リズムが夜型である	33.3	42.3	19.1	5.3
すぐにかんしゃくをおこす	11	50.4	31.7	6.9
乱暴な行動がよくみられる	8.9	50.4	36.8	4.1
友達の欠点や失敗を指摘する	9.8	39.4	41.9	8.9
保育者のみている時行動が違う	7.7	32.9	50	9.3

図3　母親の養育の様子

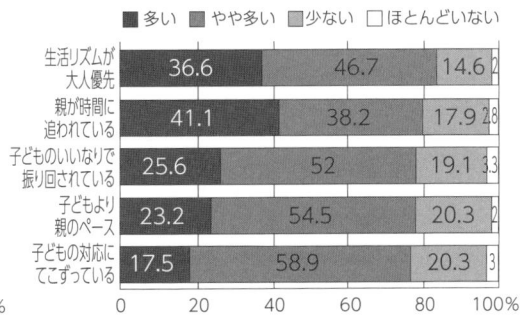

■多い　■やや多い　■少ない　□ほとんどいない

項目	多い	やや多い	少ない	ほとんどいない
生活リズムが大人優先	36.6	46.7	14.6	2
親が時間に追われている	41.1	38.2	17.9	2.8
子どものいいなりで振り回されている	25.6	52	19.1	3.3
子どもより親のペース	23.2	54.5	20.3	2
子どもの対応にてこずっている	17.5	58.9	20.3	3

出典（図2・3）：土谷・加藤・中野・竹田（2002）

この調査から、エンゼルプランなどの子育て支援が盛んになり、家庭教育への支援も増加した中での保育者が認識した子どもたちの姿は、まさに、時代の背景をそのまま映し出す鏡のように、様々な問題を抱えていることが明らかになったと言えるでしょう。

【3】情報化と子どもの発達

　近年、子どもを取り巻く環境で最も大きく変化したのが、インターネットなどのソーシャルネットワークの広がりと情報がすぐに手に入れられる情報化でしょう。この大きな波は、子どもの遊びにも様々な影響を与えています。「ごっこ遊び」では、携帯電話が普及したころは、プッシュ式の携帯電話を空き箱などで作って会話をする姿を見かけたものです。ところが最近は、タブレット型の端末を模して作った作品を使って、指でスクロールしながら「ごっこ遊び」で会話をする姿が中心となり、時代の変化に一番敏感なのは子どもたちなのかもしれません。大人の生活で、最も魅力的な要素を「ごっこ遊び」にすぐに取り入れる名人が子どもたちだからです。

　外山（2010）らはインターネットの接続環境を持つ母親の半数が毎日ネットを利用していることを示し、買い物や授乳・離乳、医療機関に関する情報を集めるなど、育児サポートとして活用していることを明らかにしています。子どもたちの「ごっこ遊び」に影響を与えることは、うなずけることだと思います。

　一方で、子どもたちの学びのための教材（主に家庭用）には、DVDやビデオなどの視覚的情報がいつでもどこでも手に入る時代となり、自宅での遊び時間にDVDやビデオを一人で視聴している子どもが少なくありません。また、電車や飛行機などで長時間移動するときなどは、タブレットを子どもが操作して、子ども用アプリを利用して遊んでいる光景も見かけることが多くなりました。

　インターネットやコンピュータと時代の必然的なコミュニケーションツールを幼いころから体験できることのメリットと、戸外の環境や実際の自然との触れ合いなど「実体験」を減少させてしまうデメリットの両方があることを感じています。

　保育現場でも、友達との関係づくりや、仲間とのやりとりが乱暴で、自己中心的で葛藤に耐えられないといった問題行動の背景として、長時間にわたる自宅でのDVDやビデオ視聴、家族とのコミュニケーションの時間や質の問題との関連で議論されることも多いようです。

　子どもの発達にとって、何が大切で、どのようにこの情報化の流れを受け止め、効果的に保育や養育に取り入れることができるのかは、今後の大人たちの英知に関わってくるの

でしょう。

2　保育現場におけるカウンセリングニーズから見た子どもの実態

【1】保育現場におけるカウンセリングの必要性

　保育現場において「カウンセリング」が注目されたきっかけは、幼稚園教育要領改訂（平成元年告示・平成2年施行）を機に「環境を通して行う保育」がその中心的な考えに据えられ、子どもの主体的な活動を促す環境として自然環境などの物的環境は当然として、とりわけその子どもの遊びを理解し支援できる保育者：人的環境の重要性が示唆されたことに始まると考えられています。

　具体的には、前述したような、保育の新しい動きの中で、保育者の資質向上のための「カウンセリングマインドの育成」（保育技術専門講座資料（1993））が求められました。この「カウンセリングマインド」という言葉は、もともと心理学領域の言葉である「カウンセリング」を保育者にも理解しやすいように造語されたものだそうです。そして、その意図としては、カウンセラーの心がけている「相手への理解や対応」、思いやりのある態度を踏襲して「子どもの遊びをありのままに受け止めて援助する」ことを重視するためにつくられたと言われています。しかし、当時は、保育にカウンセリングの知見を積極的に活かすといった研究は少なく、カウンセリングマインドという言葉も、多くの保育者の理解を得るには時間を要しました。

【2】幼稚園教育要領、保育所保育指針の変遷と子どもの姿の変遷

　その後、幼稚園教育要領改訂（平成10年）・保育所保育指針（平成11年）による「子育て相談・子育て支援」といった保育者の役割の拡充とともに、さらなる平成20年の告示・改訂による子育て支援のセンター的役割としての保育現場、特別な配慮を要する子どもたちとの関わりなど、時代の要望の変遷とともにカウンセリングの重要性が保育現場にも浸透していきました。

　このような流れの中で、子どもたちの姿も変化していきました。先にも述べた核家族化、少子化、情報化、加えて自然環境の現象と苛酷な災害の増大など、社会的な背景、文化的な文脈など、子どもを取り巻く環境が急変していきました。この環境の急変は、子どもたちの発達に少なからず影響を与えたことは間違いありませんでした。

3　発達的視点から見た子どもの姿

　社会文化的な文脈の変化、自然環境などの変化といった子どもを取り巻く環境の激変により、これまでには見られなかった発達の問題が散見されるようになり、その事態の深刻さは幼保小連携においても大きな課題となっています。筆者は長年、保育現場の保育カウンセラーとして定期的に巡回相談を行っていますが、近年になり、これまでの発達相談には上らないような発達の根本に関わる問題に出会うことが多くなったのです。

　そこで、まず、これからの内容をより深く理解していただくために発達の課題や発達の原理をお示しして、そこから、今、子どもたちに起こっている異変について論を進めたいと思います（表1、表2参照）。

表1　発達の原理

①	個体と環境の相互作用	発達は個体と環境の相互作用によって起こります。
②	分化と統合	発達とは未分化からさらに分化した状態になり、さらにいくつかの分化した状態が統合される過程です。
③	連続性	発達は連続的な過程で、急ではなく徐々に起こります。
④	順序性	発達には一定の順序（ハイハイ→つかまり立ち→一人歩きなど）があります。
⑤	方向性	発達には一定の方向（頭部から脚部へ）があります。
⑥	異なる速度	扁桃腺やリンパ腺など10歳ごろまで急速に発達しますが、その後は緩やかな発達になります。
⑦	個人差	発達の速度や程度には個人差があります。
⑧	臨界期	課題によっては発達初期の特定の時期にしかうまく習得できないものがあります（言語の習得など）。

出典：桜井（1997）より冨田が引用して作成。

表2　発達課題（development task）：ハヴィガスト、1953

① 歩行を開始すること。
② 固形食を食べるようになること。
③ 話すこと。
④ からだを清潔にしておくこと。
⑤ 性の違いを知り、性に対する慎みを学ぶこと。
⑥ 生理的安定を得ること。
⑦ ものや社会についての簡単な概念を形成すること。
⑧ 両親、きょうだい、その他の人と情緒的な結びつきを形成すること。
⑨ 善悪の判断と良心を身に付けること。

出典：桜井（1997）より冨田が引用して作成。

発達課題や発達の原理を久しぶりに見直した方も多かったのではないでしょうか。

　保育カウンセラーをしていますと、子ども一人ひとりの発達の課題を実際の子どもの姿と照らし合わせながら、アセスメント（総合的評価）して、支援策を考えていきます。したがって、カウンセリング・テクニックの基底には、これらの発達の基礎的な理論が必要になるのです。

【1】生活できない

　さて、まず初めに「生活できない」子どもたちについてお話ししましょう。生活できないとは、これまで、一般的な家庭において当たり前に身に付けてこられた「衣食住」に関する生活習慣やライフスキルがほとんど身に付いていないか、相当の時間的な遅れを見せている現象です。

　具体的に紹介しましょう。子どもの発達で保育者が一番気にかかることが、食事のことです。もちろん、保護者も子どもが食事をちゃんととれているかは非常に気にかけています。ところが、年々、偏食の激しい子ども、咀嚼の力（固いものをかみ砕く）や嚥下の力（飲み込む）が弱く、食べ応えのある食品が食べられない子ども、自分で食べようとしない子どもが増えているのです。また、フォークやスプーンなどは何とか自分で使いますが、箸となると持ちたがらない子どもも多くいます。衣服の着脱も同じような現象が起こっています。大人に脱がせてもらう、着せてもらうのを待っているのです。自分でできるようになりたいという気持ちを発揮したときがあったはずなのに……。なぜ、自分でやろうとしなくなってしまったのでしょう。

　一般的には2歳頃になると子どもたちは、「自分で何でもやりたい‼」といった心の大きな動きが発達とともに自然に起こります。これが、自律性の発達です。ところが、子どもが「自分で‼」と自律性を発揮しようとすると、少子化の影響なのか、大人の目や手が行き届き過ぎ、知らず知らずのうちに、子ども自身の発達の仕事である「自分でしたい」という自律性の芽が摘まれてしまっている場合があるのです。

　もっと深刻なケースとして、「トイレットトレーニングの遅れ」と「歩行の問題」があります。まず、トイレットトレーニングの遅れですが、幼稚園や保育所でも3歳を過ぎればほとんどの子どもがほぼ完全にオムツが外れ、自分でトイレに行って排尿・排便ができるようになります。ところが、ここ10年くらい前からになるでしょうか、3歳を過ぎても、オムツが外れない子どもがクラスに1割以上いるのです。その原因は、紙オムツの普及ではなどと言われていますが、子どもの発達にトイレットトレーニングがいかに重要か

ということよりも、大人の都合が優先された結果ではないでしょうか。

次に「歩行」の問題です。発達課題にも挙げられているように、「二足歩行」という行動は人間として最も重要な運動能力と言っても過言ではないでしょう。ところが、歩行開始の時期も遅れ気味の子ども（1歳半を過ぎても歩こうとしない）や歩き方が何か変？ という子どもの相談が急増しています。子どもが「歩く」という行動を十分にできない人的・物的環境の要因があるのでしょうか。

【2】遊べない

次に、「遊べない子ども」についてお話をしましょう。

「遊べない」子どもの姿は多分、少子化や核家族化といった家庭環境や社会環境が大きく関与していると推測されます。一人っ子や二人っ子という子ども数のご家庭がほとんどの保育現場では、俗に言う「わがままな子」が増加しています。特に、都市部では少子化、核家族化が進行していますので、その傾向はさらに大きくなっていると考えられます。

「遊べない」子どもにもいくつか特徴があります。集団の中に全く入れず、「黙々と自分の好きなことだけ、している」「いくつかのこだわりのある遊び（電車やパズル、ブロック）だけでしか遊ばない」といった「孤立・こだわり型」の子ども、友達の中には入って遊べますが譲ることや分け合って遊ぶことができず、結果、遊具を独り占めしてケンカをしてしまう「自己中心型・トラブル型・攻撃型」、遊びたいのに保育者の支援を待って自分からは遊びに入れない「内向型」などなど、タイプ分けをして説明しましたが、いくつかの型が重なり合っているケースも多いと思います。このような現象の背景としては、協調性・社会性が育っていないことが考えられます。

協調性や社会性といった「人と関わる力」は人と関わる経験をどれだけしたかといった経験の量とも比例すると考えられますが、核家族化や少子化は家族の構成員の数を減少させ、それが子どもの人間関係の学習の機会を減少させていることは当然でしょう。また、様々な人間関係を体験するという学習の質も低下させていると考えられます。子どもたちの間で起こる「いざこざ」や「ケンカ」「トラブル」は人との関係に起こる重要な葛藤体験です。この葛藤体験が協調性や社会性の芽を育てると考えられています。

【3】生きられない

3番目に挙げた特徴的な子どもの姿は、生命の危機にさらされている子どもの増加とい

うことです。図4に児童相談所における虐待相談対応件数の推移を示したように、虐待の件数は右肩上がりで、平成7年の件数は2,722件であったのに比べて、平成24年では66,701件と30倍の相談件数という深刻な状況にあります。そして、近年になり虐待のケースも重篤化して、暴力に止まらず、子どもを死に

図4　児童虐待相談対応件数の内訳

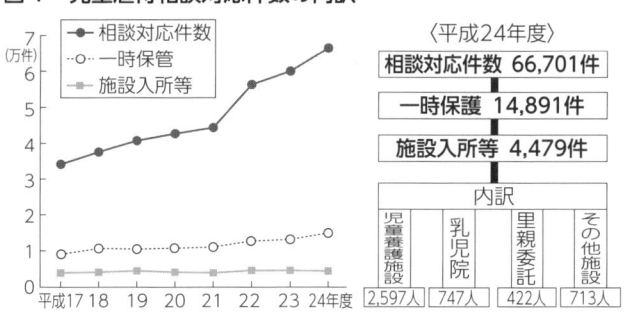

〈平成24年度〉
相談対応件数　66,701件
一時保護　14,891件
施設入所等　4,479件

内訳
児童養護施設 2,597人／乳児院 747人／里親委託 422人／その他施設 713人

（注）平成22年度の相談対応件数、一時保護件数、施設入所等件数は、東日本大震災の影響により、福島県を除いて集計した数値。
資料：厚生労働大臣官房統計情報部「社会福祉行政業務報告」を基に作成。
出典：『日本こども統計年鑑』中央出版、2014

追いやってしまうケースも増加しています。死亡した子どもの年齢は平成15年から24年の10年間の累積統計から0歳児が259人、1歳児が86人、2歳児が72人、3歳児が82人と乳幼児がその対象です（図5）。さらに、主たる加害者は、第1位が実母、第2位が実父です。子どもにとってこんなに悲しくて残酷なことはありません。この虐待と同じような推移で、ドメスティックバイオレンス（DV）も多く、子どもの前で、配偶者への暴力をふるうことは、子どもへの虐待でもあるのです。一方、虐待でも近年になり注目されているのが「ネグレクト：養育放棄」と「心理的虐待」です。核家族化する中で、密室の中で行われる、子どもへの様々な暴力です。このような、心身ともに親からの暴力を受けた子どもは人への信頼が持てず、心的外傷体験によるトラウマを抱えて親への健全な愛着も持てずに育つことになるのです。

　また、虐待に次いで（虐待とも関連して）、貧困家庭の増加が子どもの発達を圧迫しています。主に、一人親家庭の貧困が大きな社会問題となっており、OECDの調査によると、日本の一人親家庭の経済状態は、OECD加盟34か国の中で最下位の貧困国なのです。それも、乳幼児を抱えた家庭が多いとされています。貧困は子どもの生活に直接的に打撃を与えます。生活保護家庭も増えています。十分な栄養、十分な睡眠、十分な安らぎといった生きる上での必要十分条件が脅かされています。

【4】発達障害の子どもたち

　これまでは、子どもを取り巻く環境要因による発達への影響や、その影響下の子どもの姿、子どもの困り感について述べてきました。最後に、子どもの発達的な視点として、発達障害の子どもたちについて触れておきたいと思います。

図5　児童虐待死亡事例の推移

1．死亡した子どもの年齢（平成15年7月〜24年3月）

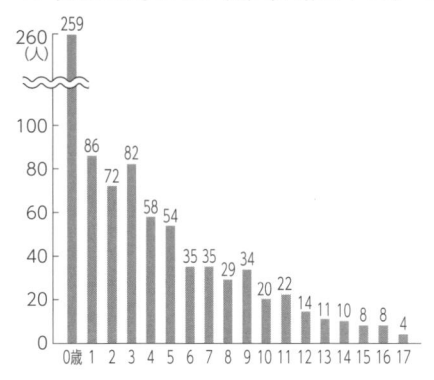

(人)

年齢	統計	15年7月〜21年3月	21年4月〜22年3月		22年4月〜23年3月		23年4月〜24年3月	
			心中以外	心中	心中以外	心中	心中以外	心中
0歳	259	180	20	5	23	3	25	3
1〜3歳	240	155	18	9	20	11	17	10
4〜6歳	147	99	5	10	5	12	7	9
7〜12歳	154	98	3	12	2	18	6	15
13歳以上	41	26	1	3	1	3	3	4
合計	841	558	47	39	51	47	58	41
事例数	713	469	77		82		85	

（注）合計は、年齢未記入を除く。

2．心中と心中以外の主たる加害者（平成21年4月〜24年3月）

(人)

区分	心中以外	21年4月〜22年3月	22年4月〜23年3月	23年4月〜24年3月	心中（未遂を含む）	21年4月〜22年3月	22年4月〜23年3月	23年4月〜24年3月
実母	86 (54.4)	23	30	33	88 (69.3)	22	33	33
実父	24 (15.2)	6	7	11	27 (21.3)	14	11	2
継母	2 (1.3)	2	0	0	0 (0.0)	0	0	0
継父	5 (3.2)	2	1	2	0 (0.0)	0	0	0
養母	0 (0.0)	0	0	0	0 (0.0)	0	0	0
養父	3 (1.9)	0	3	0	0 (0.0)	0	0	0
母方祖母	0 (0.0)	0	0	0	2 (1.6)	1	1	0
母の交際相手	8 (5.1)	2	4	2	0 (0.0)	0	0	0
実母と　実父	13 (8.2)	6	2	5	1 (0.8)	1	0	0
実母と　継父	2 (1.3)	1	1	0	0 (0.0)	0	0	0
実母と　母の交際相手	7 (4.4)	4	1	2	0 (0.0)	0	0	0
実母と　その他	2 (1.3)	1	0	1	3 (2.4)	0	0	3
実父とその他	1 (0.6)	0	0	1	0 (0.0)	0	0	0
その他	3 (1.9)	0	2	1	2 (1.6)	1	1	0
不明	2 (1.3)	2	0	0	4 (3.1)	0	1	3
計	158 (100.0)	49	51	58	127 (100.0)	39	47	41

出典：『日本こども統計年鑑』中央出版、2014

　筆者は、保育現場における発達障害が疑われる子どもたちの実態を、こども未来財団の委託調査で検討しています。この調査は平成20年に幼稚園の保育者349名、保育所の保育者252名、幼稚園や保育所で巡回相談を行っているカウンセラー48名を対象に、保育現場におけるカウンセリングニーズの実態を調査したものです。その結果の一部を紹介します。

　まず、図6に示したのが保育現場における発達障害児の実態です。この調査の結果から、幼稚園では診断を受けている子どもがいると答えた保育者が半数近くおり、保育所では30％程度が診断を受けている子どもがいると回答しています。この結果から、診断は3

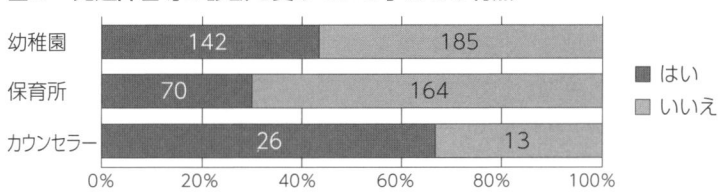

第2章　保育現場から見える"いまどき"の子どもたちの姿

図6　発達障害等の診断を受けている子どもの有無

	はい	いいえ
幼稚園	142	185
保育所	70	164
カウンセラー	26	13

(注)　「発達障害等の診断を受けている子どもはいますか」の質問に「はい」(いる)と「いいえ」(いない)と回答した保育者・カウンセラーの割合。

出典：冨田(2009)

歳以上児の多い幼稚園で多くなるといった傾向があり、3歳以上児にならないと診断が難しいため、保育所は少なかったと言えるかもしれません。その診断を受けている障害児の内訳(幼稚園、保育所の合計)は、自閉症児が82人、アスペルガーが26人、高機能自閉症が30人、学習障害が8人、精神遅滞が46人、その他が106人でした。

　この結果から、自閉症という診断が最も多いことがわかりますが、近年では「自閉症スペクトラム」という捉え方の診断が主流になりつつあります。ここに挙げた診断名は、保育者が保護者から申告を受けた診断名で、その診断基準が不明のものも多く、また現在は診断基準が改訂された変動期でもあるので、あくまで参考としてこの結果を見ていただければと思います。

　これまで、様々な角度から現代の子どもの姿を、保育現場で「気になる子ども」の姿や、その現象を紹介してきました。第3章からは、子どもの抱えている困り感別にそれぞれの特徴や考え方、捉え方、その支援の在り方やヒントを丁寧にお伝えしていきたいと思います。

(冨田久枝)

●参考文献
○Havighurst, R. J., *Human development and education*. Longmans, 1953
　(庄司雅子訳『人間の発達課題と教育—幼年期より老年期まで』牧書店、1958)
○桜井茂男・岩立京子編「乳幼児の心理」『楽しく学べる乳幼児の心理』福村出版、1997
○土谷みち子・加藤邦子・中野由美子・竹田真木「幼児期の家庭教育への援助—保育者の捉える子育て支援の方向性—」『保育学研究』40-1、2002、pp.12-20
○冨田久枝「保育現場におけるカウンセリングニーズの実態と課題」財団法人こども未来財団、2009
○依田明『きょうだい関係の研究』大日本図書、1990
○「エンゼルプラン」(文部省・厚生省・労働省・建設省4大臣合意) 1994
○「新エンゼルプラン」(大蔵省・文部省・厚生省・労働省・建設省・自治省6大臣合意) 1999
○「子ども子育て応援プラン」(少子化対策会議〔内閣府〕) 2004
○外山紀子・小舘亮之・菊池京子「母親における育児サポートとしてのインターネット利用」『人間工学』46-1、2010
○「保育技術専門講座資料」『幼稚園教育年鑑　平成5年度版』文部省初等教育課、1993年11月号、pp.93-104
○『日本こども統計年鑑』中央出版、2014

発達のアセスメント

Column

　ここ数年、保育の現場では発達や行動の面でどこか「気になる」子が増えたように感じます。知的にはさほど問題がないようだけれど、落ち着きがない、友達と関わりが持ちにくい、集団参加や集団行動が難しいといったような「気になる」子の保育を進めるにあたって、また、保護者対応や支援を行うのに「発達のアセスメント」は欠かせません。

　子ども理解から始まり、その「ねらい」は「その子にとっての豊かな未来のために」といったところは「発達のアセスメント」も「保育」も同じだと思います。

　では、どのように「気になる」子どもの理解をしていったらよいのでしょうか？

　一つは「あそび」や「生活」の場面での具体的な行動を観察する行動観察。そして、もう一つ「発達検査」といったアセスメントツールを用います。

　ですが、その前に、おさえておきたいのが以下の子どもの発達の特徴です。

> **発達のアセスメントとは**
> 　発達のアセスメントとは、子どもをどのように理解するのか、発達の特徴に基づきどのように支援を進めるのか、その支援によって子どもの生活がどのように豊かになるのかといったことの手段・方法のことです。つまり……
> ①個人の状態を理解すること。
> ②必要な支援を考えること。
> ③行動を予測すること。
> ④支援の成果を調査すること。
> (本郷一夫編『子どもの理解と支援のための発達アセスメント』有斐閣選書、2008)

① 生物学的要因；子どもが持って生まれた遺伝的・生得的な要因の他に、成長の過程での病気や怪我、栄養状態などによる身体的発育を含んだ生理学的側面。
② 個人的要因；個人のもって生まれた特徴だけでなく、個人の経験の中で周りの人や物との相互作用を通じてできた心理的枠組み。
③ 社会・文化的要因；個人の経験の質や量、その子どもを取り巻く社会・文化。

　子どもの発達はこれらに大きく影響されていることを踏まえて考えることが重要です。

　「発達検査」には乳幼児期から使用できる『KIDS』や『遠城寺式乳幼児分析的発達検査』などがあり、知能・運動・社会性の領域など子どもの発達全体や発達特徴が把握可能です。検査結果の解釈は生育歴・生育環境・日常行動の背景となる子どもの生活実態を把握して総合的に分析をします。

　子ども理解を進めながら支援をしていくにあたり、大切なことは次の三つです。

① 子どもの示す表面的な行動だけにとらわれず、背景にある問題にも目を向けること。
② 子ども自身の特徴だけでなく、子どもを取り巻く物的環境や家庭環境などの環境要因との関係で子どもを理解すること。
③ その子どもへの支援だけでなく、他の子どもたちに対する支援や環境調整も必要となること。

低年齢の頃はさほど目立たない「気になる」子でも、就学前になってくると、顕著になってくることがあります。

ユウキくんの事例

年長クラスに夏から転園してきたユウキくんは「追いかけっこ」はわかっても「ケイドロ」はルールが理解できず、「キャッチボール」はできますが「ドッジボール」はルールがわかっていません。ルールがわからないまま集団遊びに参加しては勝手な行動をとるユウキくんに、同学年の子どもたちは憤りを感じ、やがて冷ややかになっていきました。

「発達検査」をしてみたところ、「概念・社会性・言語・対人関係」が実年齢よりも2歳低いことがわかりました。お母様との個人面談で現状をお伝えすると、「前の園では受診を勧められた」と、表情を硬くして拒否の姿勢を示されます。「厳しく教えればできるようになる」と思っている様子で、今のユウキくんを受け止めることは難しい様子が伺えました。あと数か月で就学を迎えることを考えれば、療育につなげたいところではありますが、保護者の理解が得られないので、できません。

巡回指導に来られる先生にアドバイスをいただきながら「ユウキくんの参加意欲のバックアップとフォローは大人が行う。集中が切れたらそこで終了し、ここまで"できた"という体験を重ねる」「保護者には保育者がどのようなねらいを持って、どのような対応をしているか、そのことでユウキくんがどのように成長しているのかを伝える」といった支援方針が決まりました。ユウキくんが自己肯定感を持て、豊かな将来を歩めるように、そして、保護者と園とが共通認識のもと、ユウキくんの今後を一緒に考えられる信頼関係を築くことができるようになることがねらいです。

結局、療育につなげることはできませんでしたが、小学校へつなげることは保護者のご理解をいただくことができました。

集団生活での不適応行動は周囲に理解されにくいため、保育者もその指導に行きづまることがあります。子ども一人ひとりの育ちを保障し、保護者へも見通しを持って対応する（保護者支援を行う）には、巡回指導や専門機関と連携をとることも必要です。また、それは保育者のスキルアップにもつながると思います。

（阿部智子）

虐待を受けている子どもの特徴と保育者の困難

Column

児童虐待は親のせい？

近年、児童虐待が注目されるようになり、保育現場でも「ひょっとしたら、虐待を受けているのかもしれない……」と思うような子どもに出会うことも増えてきました。虐待が増えた原因として、世間では、今の親が昔と比べて子育てが下手になったとか、子どもの育て方を知らないなど、親の未熟さのせいにする声をよく聴きます。しかしながら、子育てがうまくいかない原因は、地域のつながりが希薄になってきていることや、おじいちゃんおばあちゃんを含めた家族の支え合う関係が変化してきていること、子育てのしにくい就労条件、育児は母親の仕事だと考え母親を中心に育児を担わせようとする子育て観、そしてその中で親自身も子どもとして上手に育ててもらえなかった経験などにあり、社会全体が子どもを育てにくい社会になってきている結果だと言えます。

本当に児童虐待は増えているの？

また、実は虐待自体が本当に増えているのかどうかも、はっきりとはわかっていません。子どもが減り、社会全体が子どもの人権を尊重するようになってきたことや、どのような行為が虐待にあたるのかという知識が広まったおかげなど、人々が児童虐待の問題に対して敏感になってきていることが、発見件数の増加につながっていると言われています。

こうした社会の変化に伴い、保育者も一般の人と同じように、家族の子育ての方針として、あまり気に留めてこなかった親の体罰やしつけ、「忙しいから世話が行き届かないのよね」と考えていたようなネグレクト（育児の放棄・怠慢）に、敏感になってきています。児童虐待の増加を今の親の未熟さのせいにする風潮は歓迎できませんが、正しい理解を持ち、つらい状況にある親子を積極的に支えようとする意識が高まってきたことは、大変よいことだと言えるでしょう。

虐待を受けた子どもが持つ心の傷

虐待やネグレクトを受けている子どもは、健やかな発達が妨げられ、心に大きな傷を負います。最も中心となる心理的問題は、親子のアタッチメント関係がうまく築かれないことと、暴力や放置によって心にトラウマを受けることです。

アタッチメント関係とは、子どもの欲求に親が適切に応えていくことで築かれていきます。その結果、親が安心基地となり、子どもの中に基本的信頼感や安心感が育ちます。虐待環境では、親が子どもに暴力を振るったり、子どもが求めるときに親が側にいなかったりするために、親が

安心基地となることができません。そのため、子どもは他者に対して安心感を抱くことができず、人を信頼することができなくなります。そして、自分について「自分は愛される価値のない子どもだ」「自分は悪い子だ」というような、否定的なイメージを持つようになります。こうした不安定なアタッチメントを持つようになった子どもは、不安が高く、落ち着きがありません。些細なことでも泣いたり怒ったり激しく反応し、かんしゃくを起こしたりします。大騒ぎをした後でけろっと機嫌を直し、べたべたと甘えてくる様子に、戸惑う保育者も少なくありません。

保育者としてできること

こうした状態の子どもに出会うと、保育者としては、子どもが甘えを欲していることや自分が強く求められていることは感じますが、その一方でいつ激しいかんしゃくを起こすかわからず、落ち着かせるのに大きなエネルギーを必要とする子どもへの対応に疲れてしまうこともあります。それに加え、保護者となかなか気持ちを通じ合わせることができず、それどころか理不尽な攻撃を受けることもしばしばあり、傷つく保育者もいます。

アタッチメントの研究では、長い時間子どもと過ごす保育者などの家庭外の養育者との間でも、一定のアタッチメント関係が築かれることがわかっています。保育者との関係の中で子どもが味わう安心感や、気持ちがなだめられる体験は、子どもの心の中に人間関係の一つのよいひな形として残っていくことが期待できます。このような観点から考えると、保育者と子どもとの関係はとても大切です。子どもにとっては家庭で得られない安心を得る体験となり、生涯を通じて子どもが心の中に持ち続けることができる貴重な贈り物となります。

また、対応が難しい子どもや保護者に対しては、保育者個人で対応するのではなく、園長をはじめとした保育者集団全体で対応していくことが必要です。担任など、キーパーソンとなる保育者を支えつつ、全員で問題に当たる意識が、保育者、子ども、保護者にとって重要となるでしょう。

（加藤尚子）

●参考：虐待の四類型

身体的虐待	殴る、蹴る、投げ落とす、激しく揺さぶる、やけどを負わせる、溺れさせる、首を絞める、縄などにより一室に拘束する　など
性的虐待	子どもへの性的行為、性的行為を見せる、性器を触る又は触らせる、ポルノグラフィの被写体にする　など
ネグレクト	家に閉じ込める、食事を与えない、ひどく不潔にする、自動車の中に放置する、重い病気になっても病院に連れて行かない　など
心理的虐待	言葉による脅し、無視、きょうだい間での差別的扱い、子どもの目の前で家族に対して暴力をふるう（ドメスティック・バイオレンス：DV）　など

出典：厚生労働省ホームページ
　　　http://www.mhlw.go.jp/seisakunitsuite/bunya/kodomo/kodomo_kosodate/dv/about.html（2015.4.13）

第3章

事例で考える
保育者のための
カウンセリング・テクニック

○本章では、発達上の課題や特徴を持つ子、ちょっと気になる子を事例として挙げ、発達の見取り方、問題に対するアセスメントの方法、カウンセリング・マインドを生かした具体的な対応方法などを、ケース別に紹介します。
○登場する名前はすべて仮名です。
○事例は、二つの年齢区分(「0歳からおおむね1歳半まで」と「おおむね1歳半から6歳まで」)に分けて収録していますが、この区分はあくまで目安としてご参照ください。

0歳からおおむね1歳半まで

1 「聞こえ」が気になるサトシくんの場合

●聴覚の異常

　乳児クラスのサトシくん（1歳3か月。第一子）は半年前に保育所に入所してきました。当初より、担当の保育者はサトシくんに話しかけても、目線が合わなかったり反応がなかったことから「何か変だな」と違和感を持っていました。クラスの別の保育者からは「もしかして自閉症じゃないのかな？」と言われたこともありました。1歳を過ぎた頃から、こちらの働きかけに反応してくれることも増えてきましたが、手遊びや絵本読みも見たり見なかったりと、関わり合いにムラがあり、サトシくんにどう対応すればいいのか担当の保育者はすっかり困ってしまいました。

■事例のポイント

　後にわかったことですが、実はサトシくんは難聴を有していました。一般的にそうした子どもは大人の言葉による働きかけを受け止めるルートの途中、「耳（から脳）」の部分に問題があります。保育中、この「耳」を介したルートを、様々な場面で子どもたちが活用していることは想像に難くないでしょう。朝のごあいさつ、トイレの誘い、着替えの援助、食事の際の声かけ……至る所で保育者は声をかけ、子どもたちはそれを聞き行動しています。しかし、聞こえにくさを抱えている子どもは、保育者がいくら働きかけてもそのルートではうまく伝わりません。こうした日常が続くと、指示が伝わらないということにとどまらず、「一緒にいて楽しい！」というポジティブな体験が積み重ねられず、大人の側は自信がなくなってしまったり、働きかけ自体が減ってしまうこともあります。そうした状況は、子どもの認知の発達や言葉の発達にもさらにネガティブな影響を与えます。

　担当保育者はすっかり困っていましたが、その後、別の保育者らに相談することで、サトシくんとコミュニケーションを取る方法を一緒に考えることができました。他方、実はサトシくんのお母さんも生後4か月頃から（のちに受診に至る2歳半まで）ずっと気にしていましたが、誰にも言えず心配やストレスを抱え、時にサトシくんに強く当たることが増えてしまいました。サトシくんがしたいことはお母さんには理解できず、逆にサトシくんにしてもらいたいことをお母さんが言ってもサトシくんはずっとそっぽを向いたままという

状況で、お互いの思いがずれるようになってきます。1歳半を過ぎた頃には「奇声」や「手が出る」など気になる行動も出てきました。

「聞こえない／聞こえにくい」がきっかけとなり、子ども―大人の関係性の問題、あるいは子どもの発達や行動上の問題が生じる可能性があります。

■支援のヒント

サトシくんの事例の場合、大きく三つの支援の方向性が考えられます。
① 「聞こえ」の程度や状態の確認
② コミュニケーションを基盤とした関係づくり
③ 「指示理解」以外の部分の発達保障への対応

第一に、サトシくんの聞こえの程度やその状態の確認です。聞こえにくさは個人差が大きく、支援に向けてその状態を見極める必要があります。例えば、聞こえの程度は検査等を通して「聴力レベル」という客観的な数値で表すことができます。受診に至っていない状況では、大きな・中くらいの・小さな声（音）、あるいはどのくらいの距離からの声であれば聞こえるのかを大まかにでも把握することができます。あるいは両耳で左右差がないか、または男の人や太鼓の音のような低い声・音、女の人の高い声で反応に違いがないかなども、日常生活の様子から情報を得ることができます。

第二に、コミュニケーションを基盤とした関係づくりについてです。聞こえの状態が大まかにでも把握できれば、子どもと大人が「つながる／つながりやすい」ルートがどこなのかを探ることができます。かなり大きな声で話しかけても反応が薄い場合には、なるべく子どもの目の前に回り込み、実際の物を「視覚的」に示すというルートの方がいいかもしれません。またはスキンシップを取るときには頭をなでたり手を触るなど、「接触（触覚）」というルートを少し意識して加えることも一つの手でしょう。

第三に、発達保障に関わることです。子どもが指示を聞いてそのとおりに行動してくれるかどうかは、子どもと生活を共にする保育者にとって気がかりでしょう。しかし「聞こえ」に課題がある子どもの場合に生じる問題はそうした指示理解に関するものだけではありません。先に述べたような社会性、言葉能力、世の中の事象や出来事を認識するための認知能力など、様々な能力が「聞こえ」の制限の影響を受けます。通常こうした力は、子どもの保育や家庭など、何気ない生活への積極的な参加を通して、伸びていきます。「聞こえにくさ」が子どもの日々の活動参加やそれを通した成長に何か影響を及ぼし

ていないか、一歩引いて考える必要があるということです。

「聞こえ」の問題とは？

　外界の声や音を聞くためには、以下の三つのステップが必要です。①空気の振動である音声刺激が鼓膜までたどり着く、②空気の振動が鼓膜と耳の中の小さな骨（耳小骨と言います）で物理的な振動に変換される、③蝸牛という器官で物理的振動が電気信号に変換され、脳へと伝達・処理される。「聞こえ」の問題はこの三つのステップのどこかに問題があり、声や音が脳内にたどり着かずうまく処理されない状況のことを言います。一般的に、①や②に比べて、③の電気信号を扱う蝸牛から脳内のプロセスに異常がある場合、聞こえにくさ、つまり聴覚障害が重くなることが多いです。

■支援の具体的手立て

　以下では、サトシくんが1歳から1歳半の頃、担当保育者が他の保育者とともに考え対応していった中で、サトシくんに合っていた具体的な対応をいくつか見ていきます。

（1）サトシくんが「わかるルート」からの関わり

　保育者間の協議から、サトシくんは右耳と左耳とで大人の働きかけに対する反応は変わらず、いずれにしても大きな声でなければあまり聞こえていないことがわかりました。そこで保育者は以下のような対応をとるよう心がけました。

〔自由遊びの時間から昼食の時間への切替場面〕
保育者（遊具で遊んでいるサトシくんの近くに行き、サトシくんの顔の前にしゃがみ込み、トントンと肩を叩いたところでサトシくんが顔を上げたので）「サトシくんご飯だよ」（と言いながら、お茶碗とスプーンを見せる）
サトシ「んー」（まだ遊びたいようで、1回はスプーンを握って投げるも、すぐに気が変わったようで、お茶碗を持ってテーブルに進み出す）

　サトシくんは脳に近い蝸牛という部分に問題があり、聞こえにくさが顕著でした。保育者はこの当時こうした医学的な事実はわかりませんでしたが、少なくともサトシくんの目の前で伝えなければ大人への興味すら持ってもらえないことに、先輩保育者との話し合いから気づきました。

　それからは、サトシくんが今行っていることも大事にしながら、なるべく視覚的な実物やジェスチャーを加えて、サトシくんの目の前で短い単語でゆっくりと伝えるようにしました。

(2)「まねって面白いね」という経験とそのための支援

以下は「だるまさんが」というくり返し絵本を読んでいたときのエピソードです。

> **保育者**「だ・る・ま・さ・ん・が……」（と言いながら一文字ごとに首を左右に傾ける）
> **サトシ**「……」（保育者が首を傾ける様子に食いつき、じっと見る）
> **保育者**「どてっ！」（と言いながら、サトシくんが何かしないか3秒くらい"何も"しないで待つ）
> **サトシ**（サトシも首を傾け、ニヤッと笑う）

1歳の頃はこうした姿を全く見せなかったサトシくんでしたが、1歳半頃には保育者も対応のコツをつかみ始めたようで「通じ合えてる！」「一緒に楽しいな」という気持ちを持てるようになってきました。

実はこの事例には、支援の大事なコツが二つ隠されています。

一つ目は「サトシくんの発達や興味に合った絵本を選定して見せる」「ゆっくりと大きく先生が首を傾ける」という視覚的な情報に関わる事柄です。これによって、相手を見ようとする動機が高まります。

二つ目に、サトシくんの自発的な反応（応答）を少し長めに待つということです。待てば100％反応が返ってくるというわけではないですが、それでもこの保育者は少しの表情や行動の変化も見逃さないよう心がけていました。このくり返しの中で「自分が動けば先生も動くぞ」という、関わり合いのルールのようなものを、サトシくんは聞こえにくさを抱えながらも、しっかり学んでいったようです。

(真鍋 健)

0歳からおおむね1歳半まで

2 「『ママ』が出てこない」カンタくんの場合

●音声表出・言語発達の問題

　今月で1歳半になるカンタくん。近々1歳半健診にも行く予定なのですが、家庭ではいまだに「ママ」という言葉を言いません。保育所でもまだ意味のある言葉は一切聞いたことがありません。「男の子は後から出てくるから」と先輩保育者から言われ、また保護者からも「パパもそのおじいちゃんも遅かったから、きっと一緒でしょう。気にしないでください」と言われます。でも、カンタくん自身は何か欲しいものがあるなどで「んー、んー」と声を出すのですが、それがなかなか人に伝わらず毎日イライラしているようです。保育者は「今何かしてあげられることはないのかな。その必要はないのかな」と気にしていました。

■事例のポイント

　実際に保護者の方から「男の子は遅いから」という言葉を聞くことはとても多いです。ただし、そのようにゆったりと考えてもいい場合と、少し気にしてあげて、そのときに必要な支援や工夫を行っていたほうがよい場合があります。

　言葉の獲得時期やその様相は、やはり個人差が大きいものです。どのような観点から理解すればよいのかについては後述しますが、先述の保育者が考えていた「今何かしてあげられることはないかな」という視点は、問題を先延ばしにしないで、そのときに必要な環境設定や対応の工夫など、支援を行うための第一歩として、とても重要です。なぜなら、初期の言語発達においては0歳から2・3歳までの間で、言葉を育む環境がどれだけ整っているかが重要なカギとなります。しかし、1歳半健診で本人の発達的ニーズがもし見逃された場合、そうした環境を整える"きっかけ"はその後の3歳児健診までなく、結果的におよそ1年半もの長い間、対応が保留のまま問題が持ちこされてしまう事例が多くあるのです。

第3章　事例で考える　保育者のためのカウンセリング・テクニック　0歳〜おおむね1歳半

■支援のヒント

　発達支援に携わってきた先人はよく子どもから言葉が出てくることを、「言葉という花が咲く」とたとえて理解することがあります。花そのものだけで成り立つのではなく、花を支える根っこや茎、葉っぱがそもそも育っているか、またそうしたところを温かく見守り育む栄養がしっかり注がれているかということです。

　「根っこや茎、葉っぱ」については、まず本人に発達の遅れがないかという視点が挙げられます。言葉の発達には一定の知的水準が求められるからです。また、言葉を出すためには肺から空気を出し、声帯や口腔・舌・唇などを動かすなどの身体機能も必要になります。そして、私はよく「花の茎には四つの小さな茎が入っている」と表現しているものがあります。それが【言葉で表現する力】【言葉を理解する力】【人と関わりたいと思う気持ち】【何か事物を欲しがる気持ち】の四つです。特にこの四つの茎が生後2年近くかけて、バランスよく伸びていっているかどうかを見ていく必要があります。

　「栄養があるか」ということについては、花にたとえれば「水があるか、太陽が差しているか」ということでしょう。子どもの発達で考えれば、「養育者の日常的な養育行動や当たり前の一日の生活があるか」ということになります。

チェックポイント

① 上記の「言葉の花」を支えるための諸条件が整っているかを確認する。
② 四つの茎（【言葉で表現する力】【言葉を理解する力】【人と関わりたいと思う気持ち】【何か事物を欲しがる気持ち】）がどのように伸びているかを確認する。
③ 日常の保育の中で保育者も子どもも無理なくできる場面を見つけて、今のレベルよりも「少しだけ上」を目指す。
④ この時期は「言葉」にこだわらず、「言葉の前の言葉」である非言語コミュニケーションを大事にする。

■支援の具体的手立て

　保護者との間で共通理解をしながら支援を進めることができればよかったのですが、その時点では保護者は「男の子だからこれくらい……」と思っていたことから、最低限保育所の中でできる支援として、以下のような支援を行うことにしました。

(1) 発達の見極めと"ちょっと"やってみる場の設定

　先の「言葉の花」が出てくる条件と照らし合わせたとき、周囲の環境（栄養）には大きな問題はないように思われました。また、彼自身に対してまず、園長先生や主任の先生は「遊び方も年齢相応だし、極端に知的な遅れがあるようには見えない」と指摘します。保育者だけでは判断が難しいところもありましたが、特に気になったのは四つの茎のうち【何か事物を欲しがる気持ち】は日常生活でよく見られる一方で、【人と関わりたいと思う気持ち】があまり見られないことでした。つまり人に対する執着があまりないという印象をクラスの保育者全員が感じていました。

　この際、苦手な「人との関わり」の部分を伸ばすか、得意な「要求の関わり」の部分を伸ばすか、保育者は迷います。ただ気持ちがはっきりしていながらもそれを人に伝える手段が乏しく、保育所生活でカンタくんはもどかしさを感じていました。そこで、「要求の気持ちを引き出し、それを言葉あるいは動作で示す」ことを目標にしようと思いました。実際の対応は、例えば次のとおりでした。

〔登園後の自由遊び場面にて〕
　保育者（カンタが毎日遊んでいる簡易パズルの土台だけ、机の上に置いておき、パズルのピースはカンタがすぐに気づいて見えるが、手の届かない棚の上に置いておく）
　カンタ「うー、うー」（棚にあるパズルのピースを見ながら）
　保育者「カンタくんなーにかな」
　カンタ「うー、うー」
　保育者「カンタくん、ちょうだい、って」（と言いながら、手のひらを上に向けて重ね「ちょうだい」のサインのモデルを示す）
　カンタ「うー、うー、いーーー」
　保育者「じゃあ、先生にタッチしてもらおうかな」（と言って、カンタの手を軽く持ち、保育者の手にタッチするよう直接手を促す）
　「あっ、これが欲しいんだね。ハイどうぞ」（と言い、すぐにパズルのピースをカンタに渡す）

　生活文脈の中で言葉の獲得を目指すにあたって、いくつかのポイントがあります。一つは、本人の生活にとって意味のある場面を用いて、しかし不自然になりすぎないように場面設定を行うということです。

　二つ目に今のカンタくんが発揮できる行動のレパートリーやレベルを把握した上で、その少し上を要求することです。今回、両手を重ねて「ちょうだい」ポーズを模倣でつくることは彼にとっては難しいようでした。そこで、もっと覚えやすい単純な行動として、大

人の手や肩を叩く行動を、直接モデルを示したり手を取るなどして教えることにしました。

三つ目に、期待する行動が出たときにすぐその要求物を渡すということです。言葉の理解が難しく、また人への関心が薄いカンタくんに対して「そうだね、タッチすればもらえるね。そういうふうにしたらもらえるんだよね……」と長々と説明をしながら渡してしまうと、カンタくんがとった行動と「要求物がもらえた事実」との間のつながりが薄くなってしまい、身に付くのがかえって遅くなる可能性があります。

(2) 焦りすぎたことによる失敗

この対応を五日間行ったところ、自分から先生の手を叩くようになりました。そこで保育者は「今度こそ『ちょうだい』と言ってもらおう」と今度は次のようにします。

〔登園後の自由遊び場面にて〕
　保育者（先ほどと同じ環境設定）
　カンタ「うー、うー」（と言いながら、先生の手を2回叩く）
　保育者「カンタくん、今日は（ちょっとレベルを上げて）ちょうだいって言ってごらん」
　カンタ「うー、うー……」（すぐに立ち去ってしまう）
　保育者「えっ、カンタくんちょっと待って、ねっ、言ってくれたらあげるからね」

結局カンタくんは違う遊びを始めてしまいます。何がいけなかったのでしょうか？

まず「人の手にタッチする」と「『ちょうだい』と言う」は、随分とレベルが違います。「人の手にタッチする」の次に目指すステップとしては「両手を叩く」「先生の手をタッチするときに何でもいいので声を出す」くらいのほうがよかったのかもしれません。

また、そもそも場面設定を始めて五日間で次のステップに移る、というのは早すぎたのかもしれません。教える行動によっては定着に時間がかかります（例えば、おむつ離れを想像してみてください）。先生の援助がなくとも何日も連続でできた後で、次のレベルへ、あるいは違う文脈でも試してみるなど、対応を行ったほうがいいでしょう。

(真鍋　健)

参考事例 Check it out!　本書姉妹書『〜保護者支援、先生のチームワーク編』p.46

0歳からおおむね1歳半まで

3 「育ち」が気になるミユキちゃんの場合

●発育不全

　もともと出生時から小さく産まれてきたミユキちゃん（1歳1か月）。日頃の保育ではあまり動こうとしません。体が細く、運動面では最近ハイハイができるくらいになりました。大人の働きかけに反応することもありますが、長続きしないので、いろいろな活動に誘ったり、手作り遊具を作って遊ばせるなど保育者側から働きかけます。

　しかし、7か月で入所してから3か月たっても、やはり自発的な行動が少なく、見てはっきりわかる変化がほとんどありません。食事も水分を取るものが多く、離乳食がなかなか中期・後期へと進んでいきません。そのことも影響してか、入所からの体重もほぼ横ばいでした。

■事例のポイント

　ミユキちゃんへの対応をめぐり保育者の側は何か講じる必要性を感じ、実際に様々な対応を行っています。しかし、そうした対応は、そのときのミユキちゃんに求められていた対応なのでしょうか。特に、妊娠期や周産期等の問題を背景とした発育不全において、その対応にあたっては健康上の実態やリスクを含めて、より慎重になる必要があります。

　実際、上記のようなミユキちゃんに対する保育所での対応に対して、保護者からは「ミユキは体力が少ないんです。あれこれ無理させないように医師から言われているのでそうしていただけますか……」と保育所の所長に申し出があり、対応の変更が求められました。所長先生からも「対応をあれこれ考えるのはいいことだが、雑多になってしまい、かえって悪い影響が出るかもしれない」「見通しを持って一貫した対応をしようか」と助言があります。

　しかし、具体的にどのようにすればよいか、何を優先させるべきか、担当保育者は一人では検討できませんでした。

■支援のヒント

　ミユキちゃんの自発的行動の少なさは何が影響を与えているのでしょうか。少なくとも、体の動きという身体面の機能の実態把握に加えて、「○○を△△したい！」という動機の源となる知的な能力なども考慮に入れる必要があるでしょう。

　また、一日の過ごし方について、家庭での様子も含めて今のミユキちゃんに関する生活の情報を集め、何か既にいい関わり方や配慮がないかを探るのも一つの手でしょう。なぜなら、自発的な行動に制限があるミユキちゃんの場合、大人の側があれこれと支援を講じたとしても、新しい物ややり方に慣れていないミユキちゃんが、大人の期待や要求に合わせようとすること自体、大きな負担が生じてしまう可能性があります。その点、今のミユキちゃんの行動や慣れ親しんだ生活様式に近い対応、あるいは遊具などは、負担も少なく見通しを持って活動に取り組めるかもしれません。

　ただし、こうしたケースにおいては医療的な配慮が必要であることが多く、いずれにしても、可能であれば医療側との連携と、そこでの情報共有・交換が必要です。

チェックポイント

① 保育所生活にあたって、健康面や運動機能上の問題がないかを確認する。
② 覚醒状況（活発さなど）を１日または１週間のレベルで把握する。
③ 家庭や園、あるいはその他の生活をしている環境で、好みの活動や遊具、遊び方がないかを探る。

■支援の具体的手立て

(1) ミユキちゃんの一週間の生活リズムに合わせた対応

　保育者からお母さんにミユキちゃんの一週間の過ごし方について聞いてみました。するとミユキちゃんは、週に一回木曜日に医療センターで理学療法という専門的対応（療育訓練）を受けていました。ただし、そこでの訓練は体力の少ないミユキちゃんにとって疲れるもので、医療センターでの訓練が終わったその日と次の金曜日は少し疲れた様子でした。

　そこで保育所では、ミユキちゃんの様子や体調を確認しながら、特に訓練に近い水曜・

木曜・金曜日には、過剰に遊びに誘うことはやめるようにし、ミユキちゃんがゆったりと過ごすことができるようにしました。

〔訓練の翌日の金曜日〕
保育者A「昨日は療育で指導を受けてきたみたいですけど、今日ミユキちゃんの調子どうですかね？」
保育者B「昨日は結構がんばったけど、家に帰ってから離乳食も食べて、寝るのもいつもより早くて調子がいいみたいです、ってお父さんが言ってましたよ」
保育者A「じゃあ、つかまり立ちができる遊具（台）は用意するだけ用意しておいて、ミユキちゃんが自分で興味を持ったら、私が対応したいと思いますので、その間ミキくんたちお願いしてもいいですか？」
保育者B「わかりました。じゃあそのとき声かけてくださいね」

発育不全あるいは障害やその疑いがある子どもなど、特別な配慮が求められる子どもの中には、通常利用する施設（保育所や一般的な病院など）以外に、専門的な施設をいくつか利用したり、専門家らと出会っていることがあります。ただし、こうした施設を利用する中で、子どもや保護者に独特な生活の仕方を課せられて、時に生活上の負担やストレスを抱える場合があります。

子どもの発達上の遅れや、施設を利用していることをあまり口にしたくない保護者もいますので、そうした気持ちに寄り添いながら、子どもや保護者の生活の実態を把握していくことが求められます。子どもと保護者の生活実態を理解することで、子どもの無理のない生活、保護者の心理的安定が促されることもあるでしょう。

(2) 家庭で盛り上がった遊びの導入と応答的な対応

ある日、お母さんの方からこんな指摘がありました。

お母さん「最近、ミユキのお姉ちゃんが使っているキーボードに興味を持つようになって、家で結構強くバンバン叩くようになったんです」
保育者「へー、バンバン叩くってあんまり想像できないですね。保育所にも小さいキーボードがあるので、今度見せてみてもいいですか？」
お母さん「壊さないか心配ですけど、きっと好きなんじゃないかな。そうしてもらってもいいですか。またそのときの様子教えてください」

次の日、保育所にあったキーボードをミユキちゃんに見せると、ミユキちゃんは両手でキーボードを勢いよく叩き始めます。そこで保育者は次のような対応をとりました。

> **ミユキ**「うわわわ」（と言いながら、キーボードを両手で何度も叩く）
> **保育者**（激しく叩くのに一瞬躊躇しつつ）「そうだね。バンバンだねー。何か音鳴ってるね。こっちのほうも音なるかなー」（と言いながら、ミユキが叩く叩き方と同じように両手で鍵盤を叩く）
> **ミユキ**（保育者の顔を見て微笑み、さらに叩く）
> **保育者**「あー、また鳴ったね」

　ミユキちゃんはこの遊びがきっかけになって、他にも保育者が用意した小さな太鼓を叩くことにも興味を持つようになりました。それから2週間たった頃には好きなキーボードと太鼓が入っている戸棚のところまでハイハイやつかまり立ちで移動し、それを出すように保育者に目線で要求する姿も見られるようになるほどでした。

　こうしたことをお母さんに伝えたところ、「保育所で何も遊んでいないのではと心配していましたが、よかったです。やっぱり好きなものは好きなんですね」と安心した様子を見せます。

　保育活動に積極的に参加するようになってきた頃から、離乳食を食べられる量も増え、体もしっかりしてきました。特別な何かを検討する以前に、当たり前の生活のサイクルを整えることが大事だったのかもしれません。

(真鍋　健)

0歳からおおむね1歳半まで

4 「おとなしい、笑わない、表情が乏しい」ユイちゃんの場合

●情緒発達の障害

　ユイちゃんは、生後半年で保育園に入園し、1歳になったところです。きょうだいはいません。ユイちゃんは、入園当初から他の子どもたちが楽しそうに笑っている場面でも笑顔になることは少なく、保育者が笑いかけても表情があまり変わりません。反対に嫌なことがあっても、大きな声を出したり、怒った顔をすることもめったになく静かにしています。保育者から見ると、お母さんもどちらかというと静かでおとなしいタイプに見えます。お父さんは休日も仕事に出ることが多く、じっくりとユイちゃんの相手ができる時間は限られているそうです。夕方、お母さんが迎えに来ると、ユイちゃんはすぐに気がついてそばに行くのですが、嬉しそうにするでもなく、淡々とした表情のままお母さんの支度が済むのを待ち、帰っていきます。

■事例のポイント

　1歳前後になった子どもは、いろいろな感情を表情や行動で表すようになります。安心したり、楽しいときには笑顔になり、寂しくなると泣き、思うようにならないときには怒ったり不満そうな表情や仕草を見せます。言われたことの意味も少しずつ理解できるようになり、話しかけられると様々に反応し、大人の方も子どもとのやりとりが一段と楽しくなる頃です。ところが、ユイちゃんはあまり笑わず表情も乏しい子どもです。

　ユイちゃんの持つ特徴がどこから来ているのかについて、いくつかの可能性が考えられます。例えば、もともとの性格や個性としてのおとなしさがあり、感情の表出が控えめなのもしれません。あるいはおとなしいという性格のために周囲からの関わりも少なくなり、コミュニケーションの経験が乏しくなった結果、もともと持っていた特徴がさらに強化されたのかもしれません。それとも何かしらの発達上の問題（知的障害や自閉症スペクトラム障害など）につながる可能性も捨てられません。また、保護者側の問題として、子どもに対する関わり方がよくわからず、積極的な働きかけが少なかった、あるいは精神的な問題等を抱えており、子どもに対して適切な情緒的関わりができなかったという可能性も考えられますので、必要に応じて専門機関との連携も視野に入れます。

■支援のヒント

　ユイちゃんを理解し、発達を適切に支援するために、まず「笑う」ことの発達を整理してみましょう。通常だと生後3か月頃の乳児は、特に相手を選ばず誰に対しても笑顔を見せますが（社会的微笑）、徐々に、いつも世話をしてくれる母親や、ごく身近な人を区別できるようになり、5〜6か月頃には特定の人に対して、笑顔を向けるようになります。また、8か月頃には激しく人見知りをする赤ちゃんも多くなります。ユイちゃんはどのようだったか、保護者から聞き取ることが必要でしょう。また、両親はユイちゃんに積極的に関わってきたか、ユイちゃんとのやりとりにどんなことを感じてきたかについても聞き取ります。

　自分から進んで保育者に近づいてアピールする子どもに比べると、ユイちゃんはそうしたいと思っていてもなかなかそれを行動に出すことができないでいるかもしれません。ユイちゃんの様々な場面での反応をきめ細かく観察する必要があることは言うまでもありません。

　次に、ユイちゃんの情緒以外の側面の発達について見ていきます。情緒の発達は、他の領域の発達とも相互に関連し合っているからです。運動面の発達、言語・認知面の発達が遅いなど、気がかりなことはなかったでしょうか。発達の遅れや偏りが、情緒面の表出に影響を与えることもあります。1歳になったばかりの年齢で判断するのは難しいものですが、可能性として視野に入れておく必要があります。

　さて、ユイちゃんは、運動面や認知・言語面の成長には大きな遅れはないことがわかりました。また、人への反応についても、お母さん自身はそれほど違和感を持たなかったようです。ユイちゃんが第一子ということもあり、おとなしく手がかからなかったために、両親とも「こんなものだろう」と思って育ててきました。ユイちゃん自身の問題という視点だけではなく、保護者の関わり方に注目し、保護者に助言することの必要性も感じられます。

　ユイちゃんが自分の気持ちをもっと表情や仕草に表すことができるようにする、ということがさしあたっての支援の目標となるでしょう。

> **チェックポイント**

① 場面の種類や、関わる相手によって、ユイちゃんの表情や反応に変化があるかなど、きめ細かな行動観察をする。
② 赤ちゃんのときはどんな様子だったか（よく泣いたか、あやすと笑ったかなど）、周囲の大人はどのように関わってきか、保護者等から聞き取る。
③ 言われたことが理解できていないようだ、などの言語・認知発達に問題はないか。

情緒発達の障害とは？
　乳児の研究により、生まれたばかりの赤ちゃんでも快・不快・興味という３種類の感情を持ち、それぞれ「笑う」「泣く」「見つめる」といった反応で表すということがわかっています。生後６〜７か月頃にはそれが喜び、悲しみ、怒り、恐れ、驚きといった基本的な情緒に分化していきますが、これは身近な養育者との相互交渉の中で育つものでもあります。対人的な刺激に乏しい環境の中では、情緒の発達も遅れがちになります。また、そうした環境ではないにもかかわらず情緒の表出が極めて乏しい、あるいは発達が通常と明らかに異なる場合には、知的障害や自閉症スペクトラム障害の問題が潜んでいることがあります。

■支援の具体的手立て

(1) スキンシップや身体を使った遊びの中から表情を引き出す

　前にも述べたように、情緒・感情は人との関わり、すなわちコミュニケーションの中で育っていきます。まだ言葉で気持ちをうまく表現できない乳児とのコミュニケーションは、スキンシップなどの非言語的なやりとりが中心になります。大人のほうもわかりやすく豊かな表情を心がけ、ユイちゃんに見せましょう。また、目と目を合わせながら、くすぐり遊びや高い高いなど身体を大きく動かす遊びなどをして、楽しいという気持ちを身体感覚的に共有する体験を積み重ねるのもよいでしょう。

　また、ユイちゃんの表情や仕草に変化が出てきたら、大人はそれを捉えて、自分もユイちゃんと同じような表情や仕草をして返してみましょう（ミラーリング）。ユイちゃんにとっては、大人が自分の鏡のような役割を果たすことになり、感情の共有がスムーズになります。

(2) ユイちゃんの気持ちを代弁する

　わずかであってもユイちゃんの表情の変化を捉えて、その場に合った「面白いねー」「びっくりしたねー」「気持ちいいねー」などの言葉で、気持ちを伝えます。保育者が感じ

取ったユイちゃんの気持ちを言葉にし、さらに擬音語や擬態語も使って語りかけることにより、楽しい、嬉しいという雰囲気の中で、ユイちゃん自身が自分の気持ちに気づいていくことをねらいます。

(3) 保護者の子どもへの関わりを支援する

　保護者にも一人ひとり個性があり、子どもへの接し方においてもその人らしさが表れます。保育者は、保護者の個性を受け入れ、尊重し、保護者の話には受容的な姿勢で傾聴を心がけます。

　それから、徐々に保育の場でのユイちゃんの様子、例えば、こんなこと（遊び）をしたらこんな反応がありましたよ、などのような事実を伝えていきます。

　保護者との間に信頼関係が築ければ、保育者はもっとユイちゃんの表情を豊かにしたいと思っていること、そのためにこんな関わりをしているので「おうちでもやってみたらいかがですか？」といった助言ができるでしょう。

　発達の遅れや自閉傾向が心配される場合も、保護者がどのように考えているかをしっかりと把握したうえで、気持ちに配慮しながら専門機関を紹介するなどの方向に向けて話をしていきましょう。

(大熊光穂)

●参考文献
○大竹直子『やさしく学べる保育カウンセリング』金子書房、2014

0歳からおおむね1歳半まで

5 「人見知りがない・行動が激しく安定しない」ケンくんの場合

●アタッチメントの形成不全／社会性の障害

　ケンくんは1歳半になる男の子です。入園して半年になりますが、担任の保育者が大好きで、力いっぱい抱きついて甘えてくるかと思うと、抱っこされながら足で担任を蹴ったり、髪の毛をつかんで引っ張ったり叩いたりします。夕方母親が迎えに来たときにも、似たような行動が見られます。痛いからやめるようにと言ってもなかなかやめません。そこで担任が他の子どもの方に行こうとすると、今度は激しく怒り、泣きだすこともあります。また、担任が真剣な表情でケンくんと向き合って目を見て話そうとしても、ケンくんの方は目をそらして、なかなかこちらを見つめてくれません。一方、人見知りがほとんどなく、見知らぬ人にも笑顔で寄っていきます。

■事例のポイント

　不安や苛立ちといった気持ちと満足感や安心感とを同時に表しているようなケンくんですが、担任の保育者はいつも疲れている様子のケンくんの母親も気がかりです。実は、ケンくんの家庭はケンくんの上に3歳と5歳の兄と姉がおり、さらに母親は半年後に出産を控えています。父親は育児に協力的ではありますが、仕事が忙しく、子どもたちと顔を合わせるのは週末ぐらいです。保育者から見ると、母親はケンくんの激しい行動に対しては、笑顔でなだめるように声をかけていることもあれば、強い口調でしかりつけていることもあり、ケンくんの行動に手を焼いているようです。

　乳幼児期の心理・社会性の面の発達課題としてアタッチメント（attachment 愛着）の形成があります。この理論の主唱者であるボウルビィ（Bowlby）によると、アタッチメントとは、「乳児が特定の養育者との間に結ぶ強い情緒的な絆」とされています。この絆は、泣き声や笑顔といった子どもの発する信号に対して、養育者が応答的に関わる相互交渉の積み重ねによって作られるもので、3歳過ぎまでにかけて形成されていきます。また、アタッチメントの対象は、一般的には母親であることが多いものですが、一人に限るわけではありません。両親が育てている場合は父親にも愛着を形成しますし、長時間の生活をともにする保育所では、保育者がアタッチメントの対象となります。

1歳半前後の幼児には、分離不安（養育者と離れることへの強い不安）や養育者への後追い行動が盛んに見られます。こうした行動は、養育者へのアタッチメントがしっかりと形成されつつある証拠です。アタッチメントが順調に形成されている場合、幼児はその相手がいなくなると不安になって泣いたり騒いだりしますが、戻ってくるとほっとして短時間で気持ちが落ち着くものです。ところが、ケンくんは愛着形成の対象であるはずの母親や保育者への態度が安定せず、大人の方もなかなかケンくんとの間に親密な関係を築くことができません。

　安定したアタッチメントの形成には、養育者の養育態度がどのようなものであるかも重要な要因となります。ケンくんの母親の場合、子どもに対する態度にやや一貫性が欠けるように思われます。ケンくんの「もっと構ってもらいたい」「甘えたい」という欲求が十分に満たされていない可能性がありそうです。

■支援のヒント

　愛着形成の問題は、家庭の状況や家族関係が深く関わっているため、保育の場での対応といってもなかなか難しいものです。愛着形成不全の原因についても、例えば、母性的な関わりをほとんど受けることなく育ってきたのか（ネグレクト等）、養育者の態度が不適切で子どもを不安にさせるような関わりが継続的に行われていたのか、母子の関わりは持てていても、子どもにとっては十分満足のできるものではなかったのか、または子ども自身の反応が乏しく、その結果養育者との相互交渉が希薄になってしまったのかなど様々であり、そのあたりを整理することが必要になってきます。そして、子どもに対する支援と同時に、養育者への支援も欠かせません。

　ケンくんへの支援の方向性を考えてみましょう。まずケンくんの行動をよく観察することです。母親や保育者に対して激しい行動をとるときの前後の状況はどのようだったでしょうか。また、保育者は、自分がケンくんに対してどういった対応をしたかを詳しく思い出してみます。

　ケンくんは、母親や自分の先生を好きであることはわかるのですが、それを素直に表すことができていません。相手に対して、十分な信頼感が持てないことから、満足の気持ちと不安とが複雑に絡み合ってしまいます。保育の場では、ケンくんの気持ちを受け止め、保育者（大人）がケンくんにとって安心できる相手であることを伝え、信頼関係を築くことが目標となるでしょう。

ケンくんと母親との関係にも、同じような信頼関係を求めたいところです。ですが、母親にしても、なかなか厳しい育児環境のようです。
　そこで、母親に対しては、ケンくんへの接し方を責めたり批判したり指導するのではなく、育児や仕事の大変さを受容し、母親の苦労をねぎらいながら、保育者に対して心を開いてくれるような働きかけを心がけます。
　子どもにとっては人生の初期に経験する人間関係が良好で安定したものであることが、その後で会う様々な人との関係をスムーズにつくる土台となると考えられています。保育者の行う支援の第一歩として、保育の場でケンくんに安心感や愛情を実感できるような関わりを根気強く行っていくことが大事でしょう。

チェックポイント

① 親しい大人に対するケンくんの行動（反応）を、前後の状況と関連づけながら詳しく観察する。
② 養育者の子どもへの態度についても詳しく観察、分析する。また、生育歴、家庭環境、養育者との関係等について可能な限り養育者から聞き取りをする。
③ 虐待等の深刻な問題が存在していないか注意する。

愛着障害とは
　世界保健機構のICD10（国際疾病分類第10版）では愛着障害を、反応性と脱抑制の2種類に分類しており、前者は養育者の不適切な関わりが原因で、友達との社会的交流を過度に抑制したり自分自身や他者に攻撃的になる、後者では見境なく誰とでも親しくし、注意を引こうとするが特定の相手との信頼関係を築くことができない、というように説明しています。

■支援の具体的手立て

(1) ケンくんに安心感を与え、大人との間に信頼感を育てる
　相手が自分の望みどおりの反応をしてくれない、あるいは自分に対してどんな反応が返ってくるかわからない、といった不安がケンくんにはあるようです。そこで、ケンくんへは一貫した愛情のある対応が必要になります。ケンくんが抱っこを求めてきたら、しっかりと抱いて「大丈夫」ということを言葉と行動で示します。「寂しかったんだね」「嫌だったんだね」など、ケンくんの気持ちを汲んで、わかりやすい言葉で代弁します（受容）。

(2) 一貫した態度をとるようにする

　(1)で述べたように、信頼関係をつくるために受容的な態度は大切です。ですが、してはいけないことに対しては、それもきちんと伝えていかなくてはなりません。ケンくんが相手を叩いたり蹴ったりしたときには「ダメ」「やめなさい」と頭ごなしに言うのではなく「もっと早く来てほしかったんだよね」など、ケンくんの怒りの気持ちを代弁し、叩いたり蹴ったりがあまり激しいときには「(叩かれると私は)痛いから抱っこできないよ」ということを言葉と行動で示します(わたしメッセージ)。ケンくんのそばを離れなければならないときには、その理由も伝えましょう。

　いずれも、大人が一貫した態度をとることが重要です。短い時間でケンくんの行動を変えようと思わず、粘り強くしっかりと向き合うことを続けます。

(3) 好きな遊びを十分に保育者と楽しむ

　子どもにとって遊びは学ぶ手段であると同時に、精神面の健康にも大きな影響を与えます。大人が相手になってスキンシップを含んだ遊びや身体を使った楽しい遊びを思う存分することでストレスが発散でき、相手への肯定的な感情が育っていくことを期待したいものです。

(4) 保護者にアドバイスをする

　子育ての苦労や疲れを母親が保育者に自然に話せるような雰囲気をつくることが大事です。子どもに対して肯定的な気持ちと否定的な気持ちが入り混じることは子育て中の保護者には珍しくありません。保育者は受容的な態度で信頼関係を築きながら、ケンくんがどうして親を困らせるような行動をとるのか、母親にできる工夫などについて伝え、話し合っていきます。

(大熊光穂)

参考事例　Check it out! 本書姉妹書『～保護者支援、先生のチームワーク編』p.54

0歳からおおむね1歳半まで

6 「イナイイナイバアを喜ばない」カナちゃんの場合

●ふり・見立て（象徴機能）の発達障害

　カナちゃんは1歳6か月の女の子です。母親は、2歳年上のカナちゃんの姉と比べてカナちゃんの様子が違うので、少し気になって保育者に相談しています。例えば、姉は生後7か月を過ぎた頃から両親が「イナイイナイバア」をすると、「バア！」と顔を見せたときに声を立てて笑い、「もう1回」とせがむような表情で待ち構えたものですが、今になってもカナちゃんは母親の顔もあまり見ず、イナイイナイバアの楽しさがよくわからないようです。また、姉は1歳過ぎの頃はいくつか片言をしゃべるようになっていて、絵本の中に食べ物の絵や写真を見つけると、それに手を伸ばしてつまむふりや「アムアム」と言いながら自分で食べるふり、母親にも食べさせるふりをよくしたものでした。しかし、今のカナちゃんは好きな果物の写真が載っている絵本を見せられても、絵を見るよりは自分でページをパラパラめくることのほうが楽しいようですし、言葉もまだ話しません。

■事例のポイント

　カナちゃんの母親は、長女と比べて次女のカナちゃんの発達が遅いことを心配しています。特に、人に対する関心が薄いようなところや周囲の事柄を認識する力や言葉の発達がゆっくりしていることが気がかりです。
　では、カナちゃんの発達の様子を、母親から聞き取った生育歴も交えて整理してみましょう。
　カナちゃんは、首が座る、お座りや寝返りをするといった運動面の発達では、特に気になることはありませんでした。あまり泣かず、どちらかといえば手がかからない赤ちゃんでした。ただ、視線があまり合わないという印象が母親にはありました。また、言葉の発達もゆっくりです。意味のある発語としては「イヤ（嫌なとき）」「ネンネ（布団を見て）」をたまに言う程度です。大人からの言葉がけは「おいで」「ちょうだい」「お外に行くよ」と言われると、言われたように行動するときもありますが、無関心のように見えるときもあります。人の動作を見て真似るということもほとんどありません。姉は1歳前から、何か見つけると指さしをして母親に教えたり、欲しいものを指さして要求したりしましたが、

カナちゃんは指さしをほとんどしません。カナちゃんの好きな遊びは積み木やブロックなどをかきまぜたり払い落としたりすることや、おもちゃ箱や引き出しの中に入っているものを引っ張り出すなどです。叩くと光ったり、音が出たりするおもちゃも好きで、くり返し長時間遊んでいます。

　カナちゃんはなぜイナイイナイバアを喜ばないのでしょうか。この遊びは、相手に注目し、関心を持たないと成立しません。さらに、直前の場面（出来事）を覚えていて、次の場面に何が起こるかを予想できることが必要です。通常だと、6か月を過ぎた頃から、こうした遊びを楽しめるようになってきます。

　また、何かの「ふりをする」という行為は、1歳前後から見られ始めますが、「ふり」をするためには、頭の中にあらかじめそのことに関する記憶やイメージ（表象とも言います）を持っている必要があります。それをもとに、例えば実物ではなく写真であっても、あるいは実際にはそこにその物がなくても、本物がそこにあるつもりになり、食事の時間でなくても食べるふりができるのです。

　「ふり」が発展すると、あるものを別のものに「見立てる」ことをするようになっていきます。見立ては、イメージ（表象）したもの（意味されるもの）を、言葉やモノ、動作（意味する物）などで代表させることで、このことを象徴機能（symbolic function）とも言います。ままごと遊びなどに代表される見立て遊びを盛んにするようになる頃と、言葉を話し始める（獲得する）時期（おおよそ18か月前後）が重なるのは、こうした認知面の発達が基盤になっているのです。

　カナちゃんの認知面、言語面の発達は現在ややゆっくりしているだけでなく、人に対する関心も希薄なようです。発達障害につながるような可能性はないのか、気になるところです。

■支援のヒント

　カナちゃんの、周囲の事柄を認識する力は、どの程度の発達段階にあるでしょうか。保育所では、どんなふうにして遊んでいるでしょうか。友達に対する関心があるでしょうか。周囲の状況あるいは保育者の言葉の指示をどの程度理解できているでしょうか。コミュニケーションに問題はないでしょうか。

　カナちゃんの行動や遊び方を詳しく観察することで、おおよその発達段階を予測することができますが、発達検査のような客観的な指標を用いることができる場合は、そうした

情報も活用します。

　また、これまでの生育歴で何か心配な点がなかったか、保護者から聞き取ります。

　これまでにわかったカナちゃんの状況を総合すると、身近な人に対しても関心が希薄だということと、現在の発達段階は10か月から11か月程度であると判断できそうです。目の前にないことについてのイメージを明確に持つことは、まだ難しい段階のようです。しかし、徐々にそうした力が育ち始めているとも考えられます。その力を大人との関係性を意識したやりとりの中で引き出し、育てることがカナちゃんへの支援になると考えられます。

チェックポイント

① 身近な大人の働きかけに対して興味を示すか。動作の模倣などをするか。
② 遊んでいたおもちゃを布で隠すと見つけることができるか（目的と手段の関係の理解ができているか）。
③ 言葉の理解はどの程度か。

象徴機能の獲得の遅れと発達障害

　象徴機能と言葉の獲得には密接な関係があります。言葉も、いろいろなものや事柄を音声や文字という別のもので表す道具だからです。知的発達の遅れや自閉症スペクトラム障害ではこのような象徴機能の獲得に時間がかかるため、模倣や見立て、言葉の獲得が遅れることが多いと言われています。

■支援の具体的手立て

(1) 保育者への注目を促し、動作模倣を誘う

　イナイイナイバアをはじめとするやりとり遊びや模倣の基にある、他者に対する関心や注目を育てたいと思います。ただ、無理強いしても本当の関心にはなりませんので、カナちゃんが好んでいる遊びに保育者も入っていき、一緒に楽しもうとするところから始めてみます。

　最初はカナちゃんが注意を向けてくれなくても、同じところを見る、息遣いも合わせてみる、カナちゃんがもし声を発したら、同じように保育者も声を出してみる（ペーシング）などを試み、カナちゃんが保育者に注目したら、すかさず応答します。音楽に合わせて身体を動かすことが好きだったら、カナちゃんの動きを保育者が真似してカナちゃんに合わせてみましょう。このようにすることで、カナちゃんの相手への関心や注目を促します。

(2)「ふり」を楽しい雰囲気の中で誘う

　子どもが最初にする「ふり」でよく見かけるのは、「カンパーイ」と言いながらカップ（のような物でもよい）を相手と打ち合わせて「飲むふり」をするというものです。このような、どこでもできる単純なふり遊びを、意識的に誘うようにしてみます。

(3) 日常生活の中で、具体的でわかりやすい言葉をかけるよう心がける

　最初にわかるようになる言葉は、カナちゃんが好きな物や、毎日何度もくり返し経験していることを表す言葉だと思われます。場面や物と言葉とのつながりを意識できるよう、普段の生活の中で、その場に合った的確でわかりやすい言葉をかけます。

　保育の場では、カナちゃんに対してこのような支援、働きかけができると考えられますが、カナちゃんの様子になかなか変化が見られないといった心配が続く場合は、専門機関との連携も考えていくのがよいでしょう。

　　　　　　　　　　　　　　　　　　　　　　　　　　　　　　　　　　（大熊光穂）

●参考文献
○本郷一夫編著『シートブック 保育の心理学Ⅰ・Ⅱ』建帛社、2011

参考事例　Check it out!　本書姉妹書『〜保護者支援、先生のチームワーク編』p.46

インリアル・アプローチ（言語心理学的技法）

Column

　インリアルは1974年にアメリカで言語発達遅滞幼児に対する言語指導法の一つとして開発されました。インリアルは子どもと大人が相互に反応し合うことで学習とコミュニケーションを促進しようというものです。日本では1980年からコミュニケーションの改善を目的としたアプローチとして研究や実践が行われています。

　インリアルの基本理念は「自由な遊びや会話の場面を通じて、子どもの言葉やコミュニケーション能力を引き出す」「実際のコミュニケーションの場面から子どもの能力を評価する」「子どもから遊びやコミュニケーションを始められる力を育てよう」というもので、子どもを尊重するその姿勢が保育原理と一致しています。

　子どもが伸び伸びできる環境の中で無理なく子どものコミュニケーション能力を伸ばそうという考え方にあるインリアルは、子どもから始める力（主導権）を持つことを目的としているので大人からの発信を少なくし、反応的に関わることで子どもが始める機会を与えていくようにします。そして、最終的には子どもが大人と対等に主導権を持ち、コミュニケーションを進めていくことを目指します。

　インリアルでは、子どものコミュニケーションをうまく進めるための六つの原則と子どもに関わる大人の四つの姿勢があります。そして、具体的な大人の言葉かけの方法として七つの言語心理学的技法があります。

〔コミュニケーションの原則〕
① 子どもの発達レベルに合わせる。
② 話や遊びの主導権を子どもに持たせる。
③ 相手が始められるよう待ち時間をとる。
④ 子どものリズムに合わせる。
⑤ やりとりを行う。
⑥ 会話や遊びを共有し、コミュニケーションを楽しむ。

〔大人の基本姿勢〕
① 静かに見守ること（Silence）　子どもが場面に慣れ、自分から行動が始められるまで静かに見守る。
② よく観察すること（Observation）　何を考え何をしているのかよく観察する。
③ 深く理解すること（Understanding）　観察し感じたことから、子どものコミュニケーション

の問題について理解し、何が援助できるか考える。
　　④　耳を傾けること（Listening）　子どもの言葉やそれ以外のサインに十分耳を傾ける。
この四つの大人の姿勢はその頭文字を取ってSOUL（ソウル）と呼ばれています。

〔言語心理学的技法〕
　①　ミラーリング　　　　子どもの行動をそのまままねる。
　②　モニタリング　　　　子どもの音声や言葉をそのまままねる。
　③　パラレル・トーク　　子どもの行動や気持ちを言語化する。
　④　セルフ・トーク　　　大人自身の行動や気持ちを言語化する。
　⑤　リフレクティング　　子どもの言い誤りを正しく言い直して聞かせる。
　⑥　キスパッション　　　子どもの言葉を意味的、文法的に広げて返す。
　⑦　モデリング　　　　　子どもに新しい言葉のモデルを示す。

　この言語心理学的技法は、知らない人でも子どもを前にすると自然に行っているものではないかと思います。しかし、これらの言語心理学的技法は子どもの言語理解や問題に合わせてねらいを持ってこそ、言葉の意味を知らせると同時に、子どものコミュニケーション意欲を支えるといった効果を発揮します。
　言葉に問題を持った子にのみ有効というものではありません。言葉（言語）獲得中の乳幼児とコミュニケーションを図るときにも効果的ですし、入園したての子や人見知りをする子とも比較的スムーズにコミュニケーションをとることができます。
　例えば、2歳児の男児が一人でおもちゃの車を走らせています。
　その子の隣でそっと同じように車を走らせてみる（ミラーリング）と、たいていの子は"何だろう？"と興味を持ってくれます。その子が「ぶぶーっ」と言いながらトンネルの中を走らせたなら、後に続いて「ぶぶーっ。トンネルを走ります」と真似します（ミラーリング、モニタリング、パラレル・トーク）。
　このようにアクションをしてくれたら応答的に受け止め返す。そんなやりとりが何度かできた頃には、きっとその子と仲良しになれていると思います。子どものコミュニケーション能力と言語発達を促すことができ、子どもと仲良しになれるのがインリアル・アプローチです。

（阿部智子）

●参考文献
○竹田契一・里見惠子『子どもとの豊かなコミュニケーションを築く　インリアル・アプローチ』日本文化科学社、1994

0歳からおおむね1歳半まで

7 「昼寝を嫌がる」ヒロシくんの場合

●発達障害による知覚過敏や生活リズムの乱れ

　ヒロシくんは、落ち着きがなくじっとしていることが苦手で、1歳児クラスの頃から衝動的な行動が目立つようになりました。特に最近は、お昼寝の時間に眠ることができないことで、保育者は困っています。みんながお昼寝の準備をしだす時間になると特に落ち着きがなくなります。「みんなお昼寝の時間だから、ヒロシくんも寝ようね」と保育者が寝かしつけようとしても、嫌がって暴れてしまいます。また、眠ることができないだけでなく、部屋の中を走り回ったり、他の子にちょっかいを出したりしてしまうので、他の子のお昼寝の邪魔にもなってしまっています。

■事例のポイント

　睡眠の難しさが主な問題として捉えられているようですが、ヒロシくんの普段の様子から、多動性を含んだ発達障害の可能性が考えられます。落ち着きのない行動は家庭におけるしつけのせいと考えられがちですが、多動性や衝動的な行動が目立つ場合は注意欠如・多動性障害（AD/HD）の可能性があり、昼寝における難しさも発達障害の特性の視点から捉える必要があるかもしれません。

　また、ヒロシくんが昼寝ができないことだけではなく、他の子の昼寝を妨げていることも、保育者にとって困ったことであるようです。他の子が眠れなくなることが心配であるのはもちろん、保育の計画が乱されることで保育者も苦労を感じているのではないでしょうか。

　この点について、保育者は、ヒロシくんがお昼寝をできるようになれば、他の子も昼寝を妨げられないと感じているようですが、たとえお昼寝ができなくてもその時間を静かに過ごすことができれば他の子の妨げにはなりませんので、二つのことはある程度分けて考えておいたほうがよいかもしれません。

■支援のヒント

　発達障害を持つ子どもの中には、睡眠のリズムが安定せず、寝つきが悪かったり、寝ていても急に目が覚めてしまったりする子どもがいます。その背景には、発達障害のいくつかの特性が挙げられます。

　一つは、行動の切り替えの難しさで、例えば直前まで遊びを行っているとそれを途中で切り替えることができず、お昼寝に移行することが難しくなります。

　次に、感覚の過敏さが挙げられます。今までにぎやかだった教室がお昼寝の時間になると急に静かになってしまうことに不安や恐れを感じてしまったり、ちょっとした物音に過度に敏感になってしまって、眠ることができない場合があります。また、お昼寝の前には準備や片付けなどで騒がしくなりがちで、他の子どももざわついてしまうことがありますが、そのような状況に興奮してしまい、覚醒の度合いが高まってしまうために、お昼寝の時間になっても覚醒が高いままで寝つけない場合もあります。このような場合は、お昼寝に入る前に落ち着けそうな場所に連れていき、興奮を冷ますことで覚醒の度合いを低くすることができます。

　また、保育者が「昼寝の時間なので、絶対に寝かせなければいけない」と考えすぎることで、かえって子どもにプレッシャーを与え、余計に眠れなくなっているのかもしれません。特にこの時期の子どもは第一次反抗期の特徴も現れ、大人がさせようとすることに対して反抗的な態度をとりますので、無理に寝かしつけようとするとかえって寝ることを嫌がってしまう場合もあります。子どもにとって必要な睡眠時間には個人差があるので、日常生活に支障がなければ無理に眠らせようとせず、横になって静かに過ごす時間として捉えたほうがよいこともあります。ただし、集中力がなくなったり不安定になったりするなど、睡眠不足が原因と思われる行動が現れる場合には、落ち着いて昼寝ができるような方法を考える必要があります。

　このような状況を踏まえると、支援の方向性・目標としては、①生活のリズムをつくる、②お昼寝の前に導入の時間をつくるなどして、覚醒の度合いを徐々に下げていく、③子どもがリラックスできるお昼寝の環境をつくる、等を考えることができます。

**チェック
ポイント**

① お昼寝に入る前の環境や雰囲気が、子どもを興奮させる状況をつくってはいないか。
② お昼寝の静かな状況や暗い部屋を怖がったりすることはないか。
③ 眠ることをせかしたり、無理に寝かしつけようとしてはいないか。

注意欠如・多動性障害（AD/HD）と睡眠

　発達障害の一つである注意欠如・多動性障害は、その名前どおり不注意で落ち着きがないという特徴が見られますが、行動の特徴から、特定のものに注意を向けること（注意力）に弱さがあると捉えられがちです。しかしながら、認知機能の問題としては、むしろ不要なものを無視する力（抑制力）の方に困難さがあると考えられています。このため、通常の子どもが気にならないようなことも気になってしまうことが多くなり、興奮した状態になることで、落ち着いて睡眠に入ることが難しくなってしまうことがあります。そのような場合には、寝るという行動に注目させるよりも、まずは別の静かな刺激の少ない部屋に連れていき落ち着かせること（タイムアウト）が有効です。

家庭における睡眠の問題

　発達障害を持つ子どもは、睡眠のリズムが乱れやすいために、保育のお昼寝の時間だけではなく、家庭においても寝つきが悪かったり、夜中に急に起きてしまったりすることがあります。このような状況は保護者にとっても非常にストレスな状況であり、保護者自身が十分な睡眠をとれないことで疲弊しやすくなってしまいます。そのような状況から、つい子どもにきつく当たってしまい、それによって子どもが不安定になり、パニックを起こして泣き叫んでしまうなどの行動を引き起こし、保護者はますます困ってしまうという悪循環を生むことがあります。このため、子どもの睡眠に関して保護者から相談があった場合は、子どもの問題とあわせて保護者自身のストレスや悩みにも目を向ける必要があると言えます。

■支援の具体的手立て

(1) 生活のリズムをつくる

　発達障害を持つ子どもは、生活のリズムに乱れが生じやすいという特徴があります。例えば、家庭において夜十分に睡眠をとることができていないと、朝なかなか起きられず、睡眠不足のために園での遊びに集中できず、体力を使わないのでお昼寝の時間にも眠れなくなる、という悪循環をくり返してしまうことがあります。このことは睡眠だけではなく生活全般の問題でもありますので、園でのお昼寝に限った問題だけとは考えずに、生活全般のリズムをつくることができるように、家庭とも連携をとりながら支援する必要があり

ます。

　なお、生活のリズムをつくるといった場合、大人の基準でスケジュールを決め、それに子どもを当てはめようとするとうまくいかないので、次のような配慮が必要です。

> ○子ども自身の持っている特徴自体を変えることは難しいことを踏まえ、むしろ子どもの生活のリズムや体質を考慮し、それに合わせて生活の流れの方を変えてみる。

　また、時間を守ることに気を遣いすぎて子どもに厳しく接してしまうと逆効果になる場合もありますので、できないことをとがめすぎないような余裕が求められます。

(2) お昼寝の前に導入の時間をつくるなど、覚醒の度合いを徐々に下げていく

　発達障害の特徴として、それまでに行っていた活動を切り替えることが難しく、またお昼寝の前のざわざわした雰囲気に興奮してしまい、寝つけないことが考えられます。そのようなときは、次のような対応が考えられます。

> ○絵本を読んだり、静かな音楽をかけることなどによって、徐々に子どもを落ち着かせる。またそれを習慣化することによって、子どもが自然に眠りに入っていけるようになる。

　また、落ち着きがなく他の子どもにちょっかいを出してしまう場合には、無理に寝かしつけようとはせず、はじめのうちは横になって静かに過ごすことに慣れさせることから始めるのがよいと思われます。

(3) 子どもがリラックスできる環境をつくる

　お昼寝の場所が、子どもにとってリラックスできるものであれば、子どもは自然に寝つくことができます。お昼寝の静かな状況や暗い部屋を怖がる場合には、寝つくまで部屋を少し明るくして保育者がそばに寄り添い、安心感を持たせるようにしましょう。また、感覚が敏感であることを踏まえ、柔らかいタオルなど、肌触りのよいものを持たせることも、リラックスさせるためには効果的です。

（田爪宏二）

0歳からおおむね1歳半まで

8 「食べ物の咀嚼が悪く、離乳が進まない」リエちゃんの場合

●咀嚼・離乳の遅れ

　リエちゃんは他の子よりも活動が少しゆっくりした子で、運動面でもぎこちなさが見られ、小児科からは発達の遅れを指摘されています。2歳を過ぎても食事のときに食べ物を咀嚼することが難しく、離乳がなかなか進みません。他の子は1歳後半から2歳前には離乳を終えているので、リエちゃんにも食事のときに噛む練習を促しているのですが、うまくいかず、いやがってはき出してしまいます。

　また、咀嚼が難しいので他の子どもとは別のメニューを与えているのですが、リエちゃんはそれが不満のようです。他の子と同じものを食べたいと主張するのですが、やはり食べさせることは難しい状況です。

■事例のポイント

　発達障害を持つ子どもは、咀嚼に必要な身体発育が遅れたり、アンバランスになったりすることがあるため、他の子どもや一般的な発達の過程を当てはめて考えるのは避けたほうがよいと思われます。事例では保育者は離乳を進めようとして固形の食べ物を与えて練習させようとしていますが、これは子どもの咀嚼の能力に合っていないばかりか、無理に促すことで食事が楽しい経験でなくなり、食べることに対する抵抗感を強めてしまっていることが考えられます。

　また、発達障害を持つ子どもは感覚が過敏であったり、違った感覚を持つことがあるため、食感が苦手で食べることをいやがっている可能性も考えられます。例えば、他の子が気にならない食材に対しても不快な味や舌触りや歯ざわりを感じてしまい、咀嚼がうまくいかない場合があります。このことは、偏食の問題にもつながります。

　さらに、リエちゃんは自分の食べているものが他の子どもと違うことに不満を持っているようです。咀嚼の問題があるにせよ、調理を工夫するなどしてこの点についても何らかの援助をする必要性が考えられます。

■支援のヒント

　離乳は、栄養の補給機能の向上の他にも、消化機能、摂食機能および五感の発達、また食習慣の成立など、子どもの心身の発達にとって重要な意味を持っています。また、離乳は咀嚼と関連しながら進んでいくので、咀嚼がうまく獲得できなければ、離乳が進まず、子どもの発達を阻害する要因にもなります。

　食べ物の固さや大きさの基準は年齢や体の大きさではなく、摂食機能の発達の程度に合わせる必要があります。咀嚼や嚥下の機能が十分でない場合に無理に固形の食べ物を与えてしまうと、誤嚥（物が誤って気管に入ってしまうこと）を起こしやすくなります。そのため、消化・吸収しやすい食品を選択することや、とろみをつけるなどして飲み込みやすくするなど調理方法を工夫する等の配慮が必要になります。このような工夫によって食べやすくすることで、食事を楽しむ気持ちや食への興味・関心が高まり、摂食機能の発達を促すことができると考えられます。

　また、発達障害の特徴である感覚の過敏さを踏まえ、どのような味や食感に対してどのようなこだわりや苦手さがあるのかを見極める必要があります。

　このような状況をふまえると、支援の方向性・目標としては、①摂食機能の発達に合わせた食べ方を考える、②美味しく、楽しく味わえるための工夫をする、③自分の力で食べる経験を増やしていく、等を考えることができます。

チェックポイント

① 咀嚼や嚥下の機能の発達の状況はどうか、またどこにつまずきがあるのか。
② 偏食や食感に独特なこだわりは見られないか。
③ 食事をすること自体に意欲が低かったり、抵抗を示していないか。

咀嚼の獲得と離乳の過程

　咀嚼機能は乳歯が生えそろう3歳頃までに獲得されます。その過程で離乳が進み、およそ生後12～18か月頃までに成立します。咀嚼機能や離乳のおおまかな順序と時期は次のとおりです。

　○**4か月頃まで**：原始反射の一つである吸啜反射（口唇に触れたものを吸う行動）が見られる。
　○**5～6か月**：なめらかにすりつぶした食べ物であれば嚥下する（飲み込む）ことができる。スプーンを目で追い、上唇を閉じて取り込み、下唇をしっかり閉じて嚥下する。この頃から離乳が始まる。

○7〜8か月：乳歯が生え始め、上下のあごが合わさるようになり、豆腐くらいの硬さのものを舌と上あごでつぶせるようになる。
○9〜11か月：食べ物の固さに応じてつぶし方を変えることができるようになる。舌でつぶせない硬さの食べ物を歯ぐきでつぶせるようになる。舌で口の中の食べ物を自由に動かすことができるようになる。前歯が生えるにしたがって、一口で食べる量を学習していく。
○11〜12か月：手の機能の発達により、手づかみ食べが盛んになる。
○12か月〜1歳6か月：前歯が生えそろい、第1乳臼歯（奥から2番目の歯）が生えることで固形の食べ物を咀嚼することができるようになる。スプーンなどの食器の使い方を覚えていく。この頃に離乳が完了する。
○2〜3歳：奥歯が生えそろう。この頃までに咀嚼機能が完成する。

■支援の具体的手立て

(1) 摂食機能の発達に合わせた食べ方を支援する

　リエちゃんの離乳がほかの子どもよりも遅れているので、保育者は何とか咀嚼ができるように促しているようですが、リエちゃんにはまだ早いようです。咀嚼の獲得や離乳の時期は個人差も大きく、特に発達障害を持っている子どもの場合は遅れやアンバランスさが生じがちです。また、咀嚼の獲得や離乳の過程には順番があるため、例えば嚥下がうまくできていない状態で固形のものを与えてもうまく食べることができません。

　そこで、リエちゃんのように咀嚼がうまくできない子どもに対しては、無理に噛ませようとするよりも、咀嚼の成立までの過程を知り、どこでつまずいたかを考える必要があると言え、以下のような支援により咀嚼の獲得が促されると考えられます。

○咀嚼の能力をはじめとする摂食機能の発達を見極め、その時期に合った調理形態の食べ物を与える。
○食べることに対する自信が持てるように、うまく食べることができたときにはそのことを認めてほめる。

(2) 美味しく、楽しく味わえるための工夫

　リエちゃんへの保育者の関わりは、食事を「正しく」食べるための訓練になってしまっているように思われます。そのことが子どもにとって苦痛にならないように、できるだけ美味しく、楽しく味わえることを目標においてみる必要があります。

　また、リエちゃんは友達と同じものを食べることができないことに不満を持っているようです。子どもの摂食能力に応じてある程度食べるものを調節することも必要ですが、美味しく、楽しく食べるという点から、次のように調理法を工夫することで友達と同じもの

を食べることができないか、考えてみることも有効です。

> ○咀嚼や嚥下が困難な場合には、細かく切る、ペースト状にする、煮込んでやわらかくする、とろみをつけるといった調理方法で、同じ素材を食べやすくする。

　このような工夫によって、食べることに対する楽しさを味わうことができるようになると思われます。

(3) 自分の力で食べる経験を増やす

　自分の力で食べることも食べる楽しみを味わうことにつながりますので、そのような経験を増やしていくことも必要です。

　食べることに困難がある子どもの場合には保育者が手をかけすぎてしまうことがあります。しかし、2歳頃から第一次反抗期を迎え、自分で食べたい、という気持ちが強くなってくる時期でもあるので、過ぎた援助は子どもにとって食事を楽しくないものにしてしまうことがあります。

　先ほど述べたように食べやすい調理をすることに加えて、次のような支援が考えられます。

> ○食事をすること自体の負担が減り、自分の力で食べる楽しみを味わうことができるようにするために、ホルダーの付いたスプーンやフォーク、吸い口の付いたコップなど、摂取能力に応じた食器を用意する。

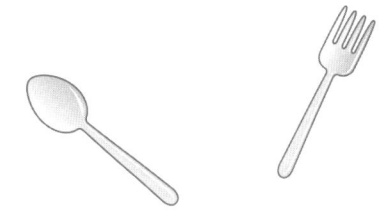

（田爪宏二）

発達課題と発達支援

Column

発達課題とは

　「人間が健全で幸福な発達を遂げるために、発達段階で達成しておかなければならない課題」のことです。発達課題と言われて頭に思い浮かぶものはエリク・H・エリクソンやハヴィガーストが提唱しているものではないでしょうか。今は、保育所保育指針の中に発達過程が記されており、子ども達の発達段階がわかるようになっています。そのおかげで、どの年齢でどんな発達が見られるのかが誰にでもわかるようになっています。

　私たちは、発達段階、発達過程を理解し、頭に入れ、その子どもの発達課題を達成できるよう日々援助しなくてはなりません。ただ、年齢にあまりこだわりすぎず、子どもの今の状況をよく観察する必要があります。子どもの様子を観察するときに記録をつけると、よりわかりやすいと思います。日誌に気になることをメモしていく方法、その子専用のノートを用意して記入していくなど、毎日の積み重ねが大切なので無理のない方法を見つけ、それが習慣になるとよいと思います。一人では難しいかもしれませんが、担任同士で同じ気持ちで取り組めるとよいでしょう。記録をつけることで、子どもの今まで気づかなかったことをたくさん発見することができます。

発達支援

　子どものことをよく理解した上でその子に合った支援をしていきます。保育者は"援助"と言うことが多いと思います。「支援（力を貸して助けること）をする」とても難しいことです。私は子どもが困っていることを助けてあげることだと思います。だから保育者は援助（困っている人に力を貸すこと）という言葉を使うのだと思います。そして私たちの支援は今だけ、目の前にあることだけではなく、その子の生涯を見据えたものでなくてはなりません。その子の一生を左右すると考えておかなくてはなりません。

T先生からの言葉に……

　私がある男の子との関わりに日々迷い悩み一喜一憂していた頃、T先生から言われた言葉があります。それは「愛される子に育てよう」。その言葉の意味をいろいろ考えました。今だけでなくその子の一生を見据えた言葉でした。私たちの手を離れても人から愛される子に育てれば、これから先の人生も誰かに援助してもらえるということです。目先の悩みでいっぱいだった私には、思いもよらない言葉でした。"愛される子"そのために何ができるのか、私たちがまずは愛

することだと思いました。愛されることを知ってもらい、この人なら信頼してもいいと思ってもらい、その上で人として相手を傷つけてしまう行為を伝えていきます。

「人から愛される」──とても難しく深いことだと思います。笑顔が素敵だとそれだけで好意を持ってもらうことができます。「ありがとう」「ごめんなさい」と言えるだけで相手に与える影響は違ってきます。愛されるまでは難しくても好意を持たれる子に育てていきたいと思います。愛されるために"してはいけない"を伝えるのではなく、"するといいよ"をたくさん伝えていくのがよいと思います。

そしてもう一つ、「居心地のよい環境づくり」。その子が"嫌だ"と思うことばかりでは、園が苦痛な場所になってしまいます。みんなが自分を愛してくれていると感じ気持ちよく過ごせるようにしていき、次のステップとして少しずつ嫌なことにも挑戦させていく。そんな支援もあるということを学びました。支援するにもまずは信頼関係、愛着関係からです。私たちは、子どもとたくさん関わり遊ぶことが、発達支援の第一歩だと思います。

こうしなくてはならないと思いすぎないで

発達課題を達成していくことはとても大切なことです。でも、それにこだわりすぎないで欲しいと思います。達成できることを伸ばしていき、そうでない傾向を小さくしていけばよいのです。私たちはどうしても苦手な傾向のことに目が向き、そこをどうにかしようと思ってしまいます。何でもできる、わかるに越したことはありませんが、子ども一人ひとりが違うから楽しいんです。難しいですが、その子の持ち味を伸ばしていきたいです。そして、「愛される子に育てる」「居心地のよい環境づくり」──そんな支援の方法もあるということをみなさんに知っていただけたら嬉しいです。

私が関わった男の子とは日々戦いでした。こうさせなくてはと思っているときは、お互いが苦しかったと思います。でもT先生の言葉を受け、私が変わると彼も変わりました。彼が小学校へ行き、しばらくして学校から給食を食べないとの連絡がありました。T先生と私は学校へ行き、給食を食べました。次の日からちゃんと給食を食べるようになったそうです。彼にとって今でも自分は愛されていると感じられ、ここも安心できる場所なんだと思ったようです。彼は今でも周囲から愛されていると聞いています。

(進藤祐理子)

保育カンファレンス

Column

保育カンファレンスとは

　参加者がお互いの特性を生かし、自分なりの見方・考え方を対等な立場で出し合い、出た意見をそれぞれが自分の実践に照らし合わせて考えていく過程です。正答や意見の一致を求めたりするものではなく、対等な話し合いの過程の中で自分の考え方や見方を再構築することを目的とします。

カンファレンスの必要を感じたら……まずは記録

　子どもたちと毎日過ごしている私たちだからこそ気づくことが、日々あると思います。「アレ？」と思うことや、「ん？」と思うことがあるはずです。もしそう思うことがあったなら記録をとってみてください。始めは簡単なもので大丈夫です。

〔記録例〕

○月○日（△）	お集まりの時間、みんなと同じ場所に行かず好きな絵本を一人で見続けている。
○月○日（×）	今日もお集まりの時間始めは行かず。紙芝居が始まると自分から見に行く。
○月○日（□）	朝から泣いてぐずることが多く、保育者に抱かれていることが多い。
○月○日（○）	いつもはすぐに寝つけるのが、付いた保育者がいつもと違っていて今日はなかなか寝つけなかった。

　記録しておくことで見えてくるものがあります。上記の記録例だけでも、

① 集団に入ることが苦手
② 絵本、紙芝居は好き
③ 安心できる保育者がいる
④ いつもと違う（変化）に対応するのが苦手

ということが読み取れます。一、二行だけの記録でもこんなに多くのことに気づくことができます。記録は続けることが大切なので負担にならない程度のものがよいと思います。一人ではなく担任同士で分担して行えると続けられると思います。

　記録方法として「ビデオ」にカンファレンスしたい場面を録画する方法もあります。目的に合わせて様々な記録を有効に活用するとよいですね。

園内で共有

　記録から読み取れる気になる点について、まず園内で共有します。担任だけでは見えていなかった点をみんなで話し合うことによって見つけることができます。気になる点は具体的になり得意な点も見えてきます。そこからどんな援助が必要なのか話し合い、具体的な援助方法を全員で共有し、同じ対応ができるようにしていきます。全員で話し合う際は各自が自分の思っていることを伝え合える雰囲気づくりが大切です。全員で共有した援助の方法を実践し記録に残し、また話し合う、をくり返し行い、子どもにとってよりよい援助をしていけるようにしていきます。

T先生を交えてのカンファレンスにて

```
― 4歳男の子 ―
子どもの様子 → 朝の集まりに参加しない。自分の好きなことをしている。
気になること → 集団で同じ活動をするときに入れない。
保育者の対応 → 声をかける。一緒に参加する。決めた場所で本を見て過ごせるように
　　　　　　　 環境を整える。
```

　いつもどおり記録を基に、子どもの様子、気になること、それに対しどのような関わりをしてきたのかを具体的にエピソードを交えながら伝えていたとき、「お集まりが楽しくないんじゃないの？」と言われました。今まで子どもの側の問題だと思っていて、自分たち保育者側に問題があるとは思っておらず衝撃を受けました。でもそのとおりで、楽しければ子どもは話を聞きにくるのです。わかりやすければ最後まで話を聞くことができるのです。

　私たち保育者は伝えよう、伝えなくてはならないという気持ちがどうしても強くなりがちです。ですが、まず変わらなくてはならないのは、私たち保育者側なんだろうということを改めて教えてもらうことができました。

　カンファレンスを通して、①多様な視点に気づき合う、②問題に気づく、③多様な視点に触れ、自分の視点に揺らぐこと、④保育者個々や園が開かれること、が望ましいと思います。保育カンファレンスにはビデオ保育カンファレンスもあります。専門性の獲得、協働・連携力の育成、発達的視点の獲得・子どもの理解の深まりを目的としています。保育者・子どもにとって前へ進むために、保育カンファレンスはとても必要なことです。

（進藤祐理子）

●参考文献
○冨田久枝・杉原一昭編著『保育カウンセリングへの招待』北大路書房、2007

おおむね1歳半から6歳まで

1 「知的な障害」があるユウキくんの場合

●知的障害

　2歳児クラスのユウキくんはまだ言葉で自分の要求を保育者や友達に伝えたり、おままごとやルールのある簡単な遊びも、言葉の発達がゆっくりで自分だけで友達と一緒に遊ぶことができません。乳児期に罹患した病気が原因で知的な障害の診断を受けていますが、早くから障害の診断が出たために、お母さんやお父さんはユウキくんの成長を一生懸命に理解してサポートをしています。

■事例のポイント

　ユウキくんは知的な障害の診断を受けていますが、明るく、保育所でも保育者の真似をしながら何とか生活のリズムや保育所でのルールを理解しようとする努力家でした。ただ、ユウキくんのペースとクラスの他の友達とのペースが違い、ユウキくんがみんなから遅れることも多くなっていきました。入園当初は保育所が楽しくて仕方がなかったのですが、他の友達と同じようにできないことが多くなると、かんしゃくを起こしたり、着替えもせずに動かなくなり固まってしまったり、遊んでいたものを投げ出し友達にぶつけたりとみんなからの遅れを気にする姿が多く見られるようになりました。

　トラブルが起こると、保育者はすぐに駆けつけて、ユウキくんと相手の友達に状況を聞いたり、不安定なときは慰めたりと関わるのですが、ユウキくんは心が動揺すると保育者の声かけも耳に入らず軽い痙攣まで起こして一瞬、眼球が無意識に上を向いてしまうこともあり、無理をさせることはできませんでした。

■支援のヒント

　まず、この事例における「知的障害」について簡単に触れておきましょう。知的障害とは、生活や学習面で現れる知的なはたらきや発達が、同じ年齢の子どもの平均と比べてゆっくりということが特徴です。そのために、言葉の発達も健常な子どもたちよりは遅れ

る場合が多く、言葉が話せない子どももいますが、個人差やその子どもを取り巻く環境によって学習面や生活面での遅れも様々です。

　知的な障害が疑われた場合は「知能テスト」を実施して、IQという知能の程度を測定して支援に活用する場合がほとんどです。IQはその子どもと同じ年齢の子どもの「知能」の平均を100と仮定して、それより上か下かを数字で示します。日本ではだいたいIQ75を目安としてそれより下に値がある場合を「知的障害」があるとして支援対象とします。

　この事例の場合、ユウキくんはすでに知的な障害を持つ子どもとして診断を受けていて、保護者はその状況を理解してユウキくんへの支援についても理解をしようと努力していることがうかがえます。しかし、入園して間もない時期で、ユウキくんは何から何まで保育所での生活は初めてで、わからないことがすべてと考えられます。眼球が無意識に上を向いてしまうという症状は緊張や不安の現れと解釈できます。まずは、保育所が安心して過ごせる場所になるように保育者は心がけなければならないでしょう。

　また、言葉の遅れもあるようです。言葉というのは自分の意志を他者に伝えたり、他者の気持ちを理解したりするといったコミュニケーションの基礎ですが、その基礎の獲得が健常児よりも時間と本人の努力もより多く必要になります。言葉は目の前にいる相手と関わりたい、コミュニケーションを取りたいというモチベーション（動因）が働かないと、身に付きません。特に知的な障害を持っていると動因が働きにくい場合もあります。ユウキくんの場合、一緒に遊びたい、自分と一緒に遊んでくれる、自分が困ったときにはわかってくれて、助けてくれる、この人と一緒なら安心、といった保育者との愛着の形成が必要かもしれません。

　保護者との連携では、同じ目線で発達を支えることができるような環境づくりが大切です。

チェックポイント

① どの程度言葉が理解できて行動ができるのか。
② 保育所で落ち着ける場所（人）はある（いる）のか。
③ 気に入っている遊びは何かあるのか（興味や関心）。
④ 基本的生活習慣はどの程度身に付いているのか。

■支援の具体的手立て

(1) 知的な障害を特別と捉えて差別しない

　ユウキくんの場合、幼い頃の疾病が原因で知的な障害を負うことになりましたが、診断名が独り歩きをして、知的障害だから対応が難しい、知的障害だからきっと何もわからないのでは……など、知的障害がという枠組みからユウキくんを評価してしまう支援者の陥りやすい心の弱さについて保育者（支援者）は十分に意識する必要があります。ユウキくんは知的な障害のために健常な子どもができることが、少し時間を要したり、他の子どもはできてもユウキくんはできなかったり、他の子どもはできなくてもユウキくんにはできることがあったり、人は誰でも個性と可能性を秘めた存在なのです。障害の有無で人の可能性や価値を判断しない心がけが支援の前提条件でしょう。

(2) ユウキくんの資源を探す

　ユウキくんは保育所ではどんなことに興味を持っていたのでしょうか。言葉はゆっくりですが、実はユウキくんは動物のぬいぐるみが大好きで、おままごとや見立ての遊びには未だ発展しませんが、保育所に来るとお気に入りのくまのぬいぐるみを抱っこしていました。また、近所のリカちゃんが同じ保育所に通っていてリカちゃんがいると「きゃーきゃー」と追いかけてふざける姿があります。このように、ユウキくんが好きなこと、好きな人、好きな場所はユウキくんの成長のための栄養源です。このような栄養源を「資源＝ソリューション」といい、カウンセリングでは重要な捉え方です。

(3) 生活や遊びを創る

　ユウキくんは積み木で遊ぶのが大好きでした。長く並べて「電車」と片言で言いながら遊んでいました。そのうち、高く積んで一定の高さになると手で壊しその崩れるさまと音に歓声をあげて、何度もくり返して遊ぶようになりました。最初は一人遊びでしたが、他の子どもたちもいつの間にか参加して、一緒に並べたり、一緒に積んだりと楽しく遊ぶ姿も見られるようになりました。積み木は、ご両親が自宅でも一緒に遊んでいたという経験からユウキくんにとっては馴染みのある安心できる遊具だったのだと思います。子どもの、これまでの経験を大切にした環境づくりは、子どもの遊びを創るためには重要な要件です。

(4) 愛着から友達へ

　ユウキくんは、はじめは一人で黙々と遊んでいましたが、次第に周りの友達が集まるよ

うになりました。これはユウキくんの人間関係を広げる意味でも重要な広がりでした。大好きな友達にユミちゃんがいます。ユミちゃんはユウキくんが困ると一緒に考えたり、手伝ったりと優しい女の子です。ユミちゃんと遊ぶようになり、朝ぐずることも減りました。母親への愛着から保育者への愛着、そして友達への愛着と人を「大好き」と感じる人間関係の広がりがユウキくんの保育所での生活を支えています。そして、時にはケンカや仲間との物の取り合いなどで経験する「葛藤体験」もユウキくんの友達への気持ちを深めていきました。

(5) 家族との連携

この事例で一番のポイントになったのが家族との連携でした。特に母親は看護師という職業から病理への認識も高く、子どもの障害を受容することがそのような見識のない母親よりは早かったのかもしれません。心疾患も患っていたので、我が子の成長を一日一日大切に考えて、子育ての喜びに代えていました。しかし、現実、このような子どもの障害を早期から受容して、積極的に保育所に協力いただける保護者ばかりではありません。ダウン症なども早期に発見されるために、両親は熱心な方が多い印象を持っていますが、子どもの障害を受容することの大変さを保育者は十分に理解して連携をお願いする「カウンセリング・マインド」が必要となるでしょう。

年長組までの成長から

ユウキくんは何でも積極的にチャレンジする元気いっぱいの年長組に成長しました。しかし、長年一緒に育っていった子どもたちも、次第にユウキくんが自分たちとは少し「何か違う」ことに気づくようになっていました。ある日、ドッジボールのゲームをしていたとき、ユウキくんはルールを守っていたのですが、タカシくんはルールを守らずにボールを横取りしてユウキくんとのケンカが始まりました。ユウキくんは「ルールは絶対」と言って譲りません。その頑固さに他の子どもたちはユウキくんを仲間外れにすることがだんだん増えました。このような発達の差が開いてしまうことの理解がまだうまくいかないのが6歳児の課題なのでしょう。結果、ユウキくんにとってユウキくんらしい成長を保障するためにとご両親は考え、特別支援学校への進学を決めました。インクルーシブ保育の難しさを痛感した事例でした。

(冨田久枝)

●参考文献
○茂木俊彦監修『障害を知る本⑨　知的なおくれのある子どもたち』大月書店、1998

参考事例 Check it out! 本書姉妹書『〜保護者支援、先生のチームワーク編』p.46

おおむね1歳半から6歳まで

2 「しゃべり方」が気になるユウダイくんの場合

●構音の異常

　来年小学校をひかえた幼稚園5歳児年長クラスのユウダイくんは、言葉をはっきりと話すことができません。「てんてい（せんせい）、おはようー」「ちりん（きりん）見たの」など、周囲の大人もユウダイくんの話をすぐに理解できないことがあります。年中児から担任だった先生はユウダイくんの言葉をとりたてて治そうとは思っていませんでした。しかし、年長に進級し、初めてユウダイくんに会った5歳児のサナエちゃんが「ユウダイくんって変な言葉しゃべるよね。赤ちゃんみたい」と言ったことをきっかけに、周りのお友達もユウダイくんに指摘して喧嘩が起こるようになってしまいました。ふと気づくと、いつの間にかユウダイくんが一人でいることが多くなってしまいました。

■事例のポイント

　保育の中で見られる「しゃべり方」の問題は、本人に対して与えられる影響と、周囲の人に与えられる影響の二つを、考慮に入れる必要があります。

　本人に関して、年長クラスになるまではユウダイくん自身はこのことを全く気にしていませんでした。しかし友達のサナエさんに言われたことでトラブルも増え、家に帰ってから「どうしてぼくちゃんとしゃべれないの」とお父さんに泣きつくほどでした。うまく話すことができないことを意識しすぎて、みんなの前で説明することが億劫になったり、極端に小さな声になってしまうこともあります。自分を大切な存在として捉える「自己肯定感」を損なっている可能性にも目を向ける必要があります。

　一方で周囲の人、特に同級生の友達にとってそれまでのユウダイくんは「運動が得意な憧れの男の子」でした。しかし、ユウダイくんのことが大好きだった友達は離れてしまい、改めて新しい友達との関係をつくる過程でユウダイくんのしゃべり方は目立ってしまいます。そもそも「同じ－違う」という認識は、子どもたちが日常的に気づきやすいものです。しかしこの「違い」に勝手なレッテルが次々と貼られてしまうと、その他にたくさんあるはずのユウダイくんの良さが薄れてしまうという問題も生じます。

第3章　事例で考える　保育者のためのカウンセリング・テクニック　おおむね1歳半〜6歳

■支援のヒント

　ユウダイくん本人や周囲のお友達に対してどのように働きかけていけばよいのでしょうか。支援のカギは「否定的なイメージと肯定的なイメージのバランスをうまく活用する」というところにあります。ここで気をつけなければいけないことは、「否定的なイメージをすぐに0にしなければいけない」ということでは"ない"ということです。

　ユウダイくん本人に対しては、「失敗しなくても済む」あるいは「僕はできるんだ」という機会を意図的につくってあげる必要があるでしょう。ただ、単純に「おかしくないよ」「しゃべり方が違ってもいいんだよ」と先生との間で納得し合ったとしても、友達との間でトラブルが起こってしまえば、結局自己肯定感は下がってしまいます。もちろん、間違えた話し方をしたときに、過剰に言葉の「言い直し」をさせることは（自己肯定感の観点を踏まえれば）するべきではないでしょう。

　友達に対しては、今は「ユウダイくんってこんな子」という認識がつくられている渦中であることに注目し、ついてしまったネガティブなイメージを何か別の肯定的なイメージで薄める、あるいは上書きできないかを考えていくことに注目しましょう。なお「サナエちゃん、そういうことを言うのはお友達として……年長さんとして……おかしいと思うな」と言うこともあるでしょう。そうした働きかけは"クラスみんな"を担当する先生の認識を子どもたちに正しく示すという意味では大切だと思います。しかし、そうした先生の認識を受け止めつつも、それでも子どもはやはり「違い」に注目してしまいます。そうした認識を頭ごなしにすべて否定されてしまっては、思考の逃げ道がなくなってしまい、心の中の偏見だけがずっと残ったままになってしまう危険性があります。それよりは、「違う」という認識や偏見を薄めるほうが得策でしょう。

チェックポイント

① しゃべり方に対して、過度に修正させたり、おかしい点を指摘することは避ける。
② 否定的なイメージと肯定的なイメージのバランスを意識する。
③ 肯定的なイメージをもたらす機会（活動）を生活の中で見つける、または意図的につくり出す。
④ 発音しにくい音、言葉について記録をとり、無理をさせない。

> **構音の異常とは**
> 　正しく発音するために私たちは、口の中（口腔内）の空間の大きさ、舌や唇あるいは歯の位置を細かく調整しています。そうした微調整の力は母乳や離乳食を食べることから始まり、出生後6年近くかけて日々の生活を通して身に付けていきます。よく幼児語をしゃべる子どもを気にする方もいると思いますが、すべての平仮名が大人と同じように発音されるのは、実は小学校就学前後まで待たなければいけません。
> 　しかし、口腔の天井の部分が開いてしまっている症状（口蓋裂）をはじめとして、①口腔の形態や舌・唇の運動に問題がある場合、あるいは②全体的には発音の問題がない一方で、就学前後になっても特定の音だけが、違う音に換わってしまう場合に、構音の異常（構音障害）を疑うことになります。

■支援の具体的手立て

(1) お集まりでの遠足（動物園）の感想発表

> **保育者**「さあ、今日は昨日行った遠足で一番楽しかったことを発表してもらおうと思います」「最初にミカちゃんから始めて、みんな一言ずつ言ってください」「もし昨日何が楽しかったか忘れちゃった人は、先生が動物園の写真マップを持っているから、このマップを指さしたりしてみんなに伝えてください」
> **サクラ**「私は……なんだっけ、あっそうだみんなでここで（先生の持っているマップを指さし）お弁当食べたのが楽しかったです」
> **ショウ**「僕はちょー大きいワニの口に入りたかったけど、怖くてユウキくんと入る真似だけしたことが楽しかったです」
> **ユウダイ**「僕はえーと、（先生の持っているマップからキリンとゾウを指さし）これとこれを見てうれしかった！」

　ここで先生はユウダイくんが苦手な動物をしゃべらなくても、指さしするなどしてお話ができるように、動物園のマップを用意してくれました。ユウダイくんだけに特別な配慮をするのではなく、サクラちゃんもマップを使ったように、他の子どもにとっても必要なものとして位置づけることで自然な雰囲気の中で、ユウダイくんも安心して、元気に発表することができました。

(2) 夢中になれる活動をきっかけとした仲間（味方）づくり

　新しいクラスになってから特に男の子は、まだ仲間集団がつくられておらず、日ごとにくっついては離れ、近づいては離れ、という状況でした。
　5月になって外遊びの時間が増えるようになってから、二人の男の子が幼稚園の裏山で化石発掘ごっこを始めました。その様子に気づいた担任は、ハッとします。なぜならユウ

ダイくんは恐竜にとても詳しくいろんな名前を知っていました。先生は「もしかしたら二人の遊びに交ざるかも」と思い、ユウダイくんを二人のところに連れていくタイミングをうかがっていました。「夢中になりすぎて二人の邪魔をしないかな……？」と不安も若干ありましたが、そんな心配をよそに、ユウダイくんのほうから「先生！ケイくんたち恐竜探してる！」と言ってきます。これ見よがしに先生はケイくんたち二人のところに連れていき、その後3人はすっかり仲良しになりました。

3人が仲良しになりしばらくして、またサナエちゃんがユウダイくんに話しかけます。

> **サナエ**「ねえ、どうしてユウダイくん。やっぱりチリンって変だよ。キリンだよ」
> **ユウダイ**「……」
> **ケイ**（近くで見ていて、二人のところへやってくる）「どうしたの？」
> **サナエ**「ユウダイくんってどうしてしゃべるの下手だと思う？ チリンって変！」
> **ケイ**「そう？ あー、チリンは変だけど、でもユウダイくん恐竜博士なんだぜ！」
> 「100種類ぐらい知ってるんだぜ」「僕も今50種類で博士なったんだ」
> **サナエ**「ふーん。私、恐竜興味ないし。じゃあねー」

この様子を見ていた先生。どうしようかと迷いましたが、特段、声をかけることもせず、しばらくはサナエちゃんの対応や気持ちがどうなっていくか、気にかけることにしてみました。結局、サナエちゃんもそのときは友達が少なく、ユウダイくんにちょっかいをかけていたようです。

その後もユウダイくんのしゃべり方を気にする友達は少なからずいました。しかし、先生や仲良しの二人がユウダイくんと関わっている姿を見た上で、一緒に遊ぶなどの経験を重ねる中で、しゃべり方自体に慣れて違和感を感じなくなった子どもがほとんどでした。

（真鍋　健）

参考事例　Check it out!　本書姉妹書『〜保護者支援、先生のチームワーク編』p.46

おおむね1歳半から6歳まで

3 「集団になじみにくい」マキちゃんの場合

●非社会性の問題

　幼稚園（3年保育）の3歳児年少クラスに在籍するマキちゃん（第一子）は、友達と関わろうとすることや、集団の中に一緒にいることを嫌がり、離席や退室をくり返します。もちろん園にはあまり来たがらず、送迎に来る保護者との母子分離時にも大泣きで抵抗するなど、幼稚園生活がとても心配な子どもでした。
　入園から1学期・2学期の間は、「初めての集団保育」ということで担任も無理に集団に入れようとはしませんでした。しかし、冬休みをはさんで3学期が始まりますが、やはり集団の中に入ることは嫌がり、担任の先生のそばを離れようとはしません。先生は「働きかけないといけないかな」と考えるようになり、優しい女の子のグループにマキちゃんを入れようとしますが、やはり大泣きで拒否され失敗してしまいました。

■事例のポイント

　集団に慣れない／慣れにくい子どもは一定の割合で出会うことがあります。担任の先生は、過去にも入園時からなかなか集団になじまない子どもを見た経験があったため、「長い目で見ていこう」と考えます。しかし、予想以上にマキちゃんが集団の中に入らず、将来の姿を想定できないことで不安や焦りが出始めます。特に、3学期になってもそうした状況が続くということで、進級時に担当の保育者が変わってしまい、もっと厳しい状況になってしまわないかと不安を感じていました。
　子どもが園あるいは集団生活に慣れにくい背景には個人差があるとともに、子どもの周囲の環境は様々であるため、適応あるいは不適応のプロセスも一人ひとり全く異なります。マキちゃんの場合、母子家庭であり、かつそこでの母子間の愛着関係に難しさがあったことがきっかけの一つになっていたようですが、幼稚園の環境にも適応しにくい要因が他にも隠れていないか探っていく必要があったかもしれません。いずれにしても、つかみどころがない状況では、関係なさそうな様々な情報も含めて考えたほうがよいのですが、保護者とのコミュニケーションもうまくとれず、ただなんとなく時間だけが過ぎていってしまった点が悔やまれた事例でした。

第3章 事例で考える 保育者のためのカウンセリング・テクニック おおむね1歳半〜6歳

■支援のヒント

　子どもは幼稚園や保育所の生活を送る前に、それぞれの家庭の中で「○○家らしい」生活様式とそこでの経験を身に付けます。信頼する養育者との関わり方や、食事のとり方、衣服の着替え方、遊具の種類や遊び方、またそこで一緒に遊ぶ人など、「○○家らしい」行動が数年の間に身に付いているはずです。

　しかし、マキちゃんの場合、発達的にも自発的な行動が少なく、家庭の中で安心して生活したり遊んだりする経験が少ない状況でした。そうした環境がさらに回り回ってマキちゃんの自発的な行動にも影響を与えていました。生活リズムもバラバラで、毎日を安心して過ごしながら「マキちゃんの家らしい」行動を身に付けること自体、難しかったようです。そして、幼稚園入園、不安定な環境の中で育ったマキちゃんが新しい環境で拠り所を探していくのはさらに困難を伴いました。

　3学期に担任の先生の傍から離れようとしなかったことは、実は「信頼できる人を見つけた」という点で、肯定的に評価すべきだったのでしょう。担任の先生という頼り所を基盤に、少しずつ少しずつ世界を広げていく可能性が出てきたということです。

チェックポイント

① 入園以前の生活様式を知ること、また入園や進級をきっかけにそうした生活様式にどのような変化がどのくらい求められたのかを探る。
② 信頼する人・物・場所を中心に、少しずつ慣れさせていくことを対応の基本とする。
③ 無理やり集団に入れることは原則避ける。同時に、「つい遊んでしまった、声をかけてしまった」という機会を探してみたり、そうした機会を活かしてみる。

■支援の具体的手立て

　その後マキちゃんは4歳児年中クラスに進級しました。幸い担任の先生は変わることなくそのままだったため、改めて担任の先生はマキちゃんとの付き合い方や幼稚園での過ごし方を探ることにしました。

(1)「どうやってするのかな？」の確認

> 保育者「マキちゃん家さ、いつもどうやってご飯食べてるの？」
> マキ「ご飯はね、おうちはママが出す。早く食べないと怒られるから食べて……食べたら……」
> 保育者「ママと何おしゃべりしてるの？」
> マキ「ママはいつもご飯後で食べてるから、一緒違うから。テレビ見るの」
> 保育者「遊ぶときとかは？ お話ししないの？」
> マキ「一人だもん。バアバ来たときは一緒におままごとして、カレーとか買い物とかジュースとかするよ。バアバがお店の人」

　マキちゃんは活動を介して誰かとお話しする経験が極端に少ない子どもでした。おばあちゃんの話になると笑顔で楽しそうに話しかけてくるものの、他の人や同年代の子どもとはどのように仲間入りしたり、声をかけたらいいのか、あるいは近くに接近すればいいのか、よくわかっていなかったことに先生は気づきます。また友達から働きかけられたときに返事したり、応答するスキルも身に付いていなかったようです。

　これ以降、先生は友達が近くにいるとき「お話ししたかったら『ねえねえ』って最初に言うんだよ」「話しかけられて嫌だったら『後でね』って言えばいいからね」など、具体的な関わり方を教えるようにしました。

(2)「やだ」という気持ちを受け止める

　年中さんになって一か月が過ぎて、外でいろんな色の花水を作っていたミクちゃんに興味を持ち始めます。外を駆け回りながらも、視線はいつもミクちゃんのところ。「『一緒に遊ぼ』って言ってみようか」とマキちゃんに伝えようと思いましたが、まずはマキちゃんの気持ちを聞いてみることにしました。

> 保育者「マキちゃん、ミクちゃんの色水きれいだね。一緒に作ってみたい？」
> マキ「やだやだやだ。ミクちゃん怖い」
> 保育者「そっか、一緒には遊びたくないんだね。近くに行くの怖いんだよね」
> マキ「うん……そうなの」

　このころ、マキちゃんは周囲の環境に目を輝かせて興味を持つ姿が、頻繁に見られるようになります。ただし上記の例では、マキちゃんの興味は「ミクちゃんに対して」というよりは、ミクちゃんが作っている色水に対して注がれているようで、マキちゃんの中では友達との関わりまでは求めていないようでした。そうした気持ちを受け止め、具体的な言

葉にして返したり代弁することで、先生という拠り所を確保しながら、でも少し先生とは距離を置きながら主体的に園生活へ参加する姿が多くなっていきました。

(3)「ついやっちゃった」をきっかけとした他児との関係の深まり

次の事例は年中クラスになって3か月が過ぎた6月下旬のことです。

> **ヨシキ**（カズと一緒に、床に五つビー玉を落としている）
> **カズ**「ジャンプ！」（と言ってビー玉がバウンドするたびに、体を飛び跳ねさせる）
> **ヨシキ**「ジャンプ！ ジャンプ！」（ヨシキもビー玉の動きに合わせて何度も飛ぶ）
> **マキ**（ヨシキたちの近くを通る）
> 　　　（二人がビー玉の動きに合わせて動いているのを見て、思わず首を上に振ってしまう）
> **保育者**「あらー、みんなジャンプジャンプしてるの〜先生もやってみるから、ヨシキくん、もう一回ビー玉やってよ」
> **ヨシキ**「いいよ。せーのー」（と言ってビー玉を落とす）
> **保育者**「ジャンプ！ ジャーンプ」「マキちゃん！すっごく大きくビー玉跳ねたら、大きく一緒にジャンプするよ〜」

この後、マキちゃんは先生とヨシキくん・カズくんと一緒に何度も飛び跳ねて遊びます。ヨシキくんがいろいろなところにビー玉を落として跳ね方を探ることに、カズくん・先生そしてマキちゃんもついていきました。

四日ほどそうしたことが続いたので、一緒に遊んでいた途中で「あっ先生、職員室に忘れ物しちゃった。後で戻ってくるからちょっと待ってて」と言って立ち去りますが、その後もヨシキくん・カズくん・マキちゃんの間で同じイメージを共有しながら遊びを維持していたようです。

（真鍋　健）

参考事例　Check it out! 本書姉妹書『〜保護者支援、先生のチームワーク編』p.54

おおむね1歳半から6歳まで

4 「友達と遊べない・指示がなければ行動できない」コウタくんの場合

●引っ込み思案（非社会性）の問題

　コウタくんは4歳2か月、幼稚園の年少組です。入園してもう半年以上が過ぎ、登園時にお母さんと別れるときにも泣かなくなりました。しかし幼稚園では、なかなか友達と遊べません。部屋では一人で絵本を見たり、積み木やブロックで何かを作って遊ぶことが多く、園庭では砂場が好きで、やはり一人で黙々と砂を容器に入れたり出したり、砂山を作ったりしています。先生が声をかけて誘うと友達とも一緒に遊ぶのですが、自分から積極的に友達に関わっていくことはほとんどありません。遊び以外の場面でも、先生が声をかけないと動けません。お母さんも、コウタくんの園での姿を心配しています。家での様子とずいぶん違うのです。

■事例のポイント

　2歳過ぎまでの子どもの対人関係は家族、特に親との関係が中心です。この時期を通して親への愛着を形成し、3歳前後には、親がそばにいなくても、心の中に安全基地としてイメージすることができるようになります。そして、自分と同じぐらいの子どもに興味を持ち始め、それまでの対人的な世界の大半を占めていた親子関係から、同年代の仲間関係へと本格的に人間関係を広げ始めるのです。

　しかし、こうした変化には個人差が見られます。もともとの気質・性格として恥ずかしがり屋で引っ込み思案なため、友達の中に入っていけない子どもがいます。あるいは、慎重で用心深いため、なかなか自分から行動を起こすことができず、大人の指示を待ってしまう子どももいます。また、友達と一緒にいることよりも、自分のしたいことをして満足している子どももいます。もう一つ大事な要因として、対人関係を広げる上で土台となる親子間の愛着の形成がしっかりとされていない場合、子どもは次のステップに踏み出せないことがあります。

　コウタくんの場合はどうでしょうか。保育者がコウタくんの様子を観察したところでは、一人で遊びながらも、時々周辺の友達のほうに視線を向けていることがわかりました。数人の集団が、コウタくんのすぐそばで声を上げながら遊んでいるときには、ちらち

第3章　事例で考える　保育者のためのカウンセリング・テクニック　おおむね1歳半〜6歳

らとそちらを見ながらも、身体が固くなって動くことができない様子でした。

　母親によると、コウタくんは自分の家ではとてもよくしゃべり、幼稚園で友達がしていたことも話すし、園で習った歌やダンスも家では上手にやってみせるそうです。家の中で見る限り、全くといっていいほど消極的には見えません。実は、幼稚園に入る前に児童館などの遊びのグループに連れて行っても、お母さんから離れず、同じような状況だったようです。「内弁慶」という言葉がありますが、コウタくんのお母さんには我が子が典型的な「内弁慶」に見え、何とかして幼稚園で力を発揮させたいと少々焦っています。

■支援のヒント

　コウタくんの引っ込み思案の背景にあるものを探ってみましょう。児童館や幼稚園で友達と遊べないという状況がずっと続いていることから、もともとの気質・性格において、内向的なところは確かにありそうです。しかし、家で幼稚園の活動を再現していることから、参加はしなくても、周囲で起きている事柄に関心を向け、じっくりと観察していることもうかがえます。先生に声をかけてもらうと、安心して行動できるようです。慎重で、確実に自信が持てないと動けないタイプなのかもしれません。

　こうしたことから、保育者の関わりの方向として、コウタくんの気持ちを汲み、コウタくんのペースを読み取って、無理のないタイミングで少しずつ友達との仲立ちをしながらコウタくんに友達への関わり方を教え、コウタくん自らの行動を引き出していく、ということが考えられます。コウタくんが安心でき、気の合いそうな子どもをそれとなく一緒のグループにするなどの配慮もできるでしょう。

　母親との関係はどのようでしょうか。幼稚園入園前から、コウタくんはお母さんからなかなか離れられなかったようです。お母さんの方は、コウタくんに外でも積極的に行動してほしい気持ちが強いあまり、コウタくんへのじれったさが言葉かけや態度に出てしまっていないでしょうか。お母さんへも、助言をしていく必要があるかもしれません。

チェックポイント

① 一人で遊ぶことで楽しめているのか、友達が気になって入りたいけれども入れない状況なのか、しっかりと行動観察をする。
② 親子の関わりはどのようになっているか。愛着形成に関連した問題がありそうか。
③ よくできること、得意なことを把握しておく。

幼児期の引っ込み思案・非社会性──発達心理学の研究から
　幼児期の非社会性については、様々な研究が行われています。「引っ込み思案」の根源にはもともとの気質的特徴が関わっているが、そこに母親の過干渉な関わり方が加わると、「引っ込み思案」の程度を引き上げる、と示唆している研究が多いのですが、興味深いものとして、Fox, N. A.ら（2001）の４か月から４歳までの縦断研究があります。
　それによると、生後４か月時に見られた「抑制的（引っ込み思案）」という気質と、２歳になったときの、「見知らぬ仲間との遊び場面で沈黙行動が多い」ということの間には中程度の関連があったそうですが、調査期間中一貫して抑制的であった子どもたちと、抑制度を減少させていった子どもたちの群に分けて比較したところ、後者の子どもたちに家庭外保育の経験をした幼児が有意に多いという結果が出たそうです。

■支援の具体的手立て

(1) 子どもの気持ちを汲んだ関わりをする

　これまでにも述べましたが、友達と「遊べない」と見るのと、「遊ばない」と見るのとでは、子どもへの対応が大きく違ってきます。
　「遊べない」子どもは、友達や友達集団に対する不安や恐怖の感情があるかもしれません。それを取り除くことが保育者の役割です。コウタくんは、ブロックや積み木を組み立てるのが上手です。例えば、最初は保育者がブロックでコウタくんと遊びながら、徐々に一緒に遊べそうな友達を呼び入れて、コウタくんと友達との仲立ちをする、絵本の読み聞かせをコウタくんを入れて数人の集団に行う、などが考えられます。ここでは、保育者がコウタくんにとって、友達との関わり方の手本を見せるモデルとなることをねらいます。
　一方、自分の好きな遊びを自分だけで楽しむことがその子どもにとっての満足感につながっているなら、そうした時間を充分に尊重しましょう。その上で、タイミングを見て友達との遊びに誘う配慮をします。

(2) 構成的グループエンカウンターの方法を参考にする

　15ページで構成的グループエンカウンターのテクニックが紹介されています。幼児でも、ゲーム感覚でグループエンカウンターを行い、対人行動の発達支援に生かすことができます。
　簡単な方法としては、お互いに握手や肩をたたくなどスキンシップをしながら挨拶することで緊張をほぐし、親しみを増加させることをねらう、というものがあります。朝の集まりの会で、ピアノに合わせて自由にゆっくり歩きながら、ピアノが止まったら歩くのを

第3章　事例で考える　保育者のためのカウンセリング・テクニック　おおむね1歳半〜6歳

やめて一番近くにいる友達と握手をしながら「○○くん（ちゃん）、おはよう」と挨拶をします。こうして、「違う人3人と挨拶する」、というように決め、最後に保育者から何人かに「誰と挨拶したか、どんな気持ちだったか」などを聞く、というようなエクササイズを通して、コウタくんの友達との距離感が短くなることをねらいます。

(3) 追い詰めたり強制したりすることはできるだけ避ける

「どうしてお友達と遊ばないの？」と聞かれてもどう答えていいか、子どもにはわかりません。「ほら、みんなと遊んできなさい」とせかされても、むしろ子どもは、大人の期待に応えられない自分自身を「だめな子」だと思ってしまうかもしれません。親が焦れば焦るほど、子どもは自分から行動を起こせなくなってしまいます。

コウタくんの場合、お母さんの気持ちも尊重しながら、こうしたアドバイスを伝えていくことも必要でしょう。

(大熊光穂)

●参考文献
○藤岡久美子「友達と遊ばない子どもの発達―幼児期児童期の引っ込み思案・非社会性研究の動向―」『山形大学紀要（教育科学）』15(4)、2013、pp.309-323
○Fox, N. A., Henderson, H. A., Rubin, K. H., Calkins, S. D., & Schmidt, L. A., Continuity and discontinuity of behavioral inhibition and exuberance: psychophysiological and behavioral influences across the first four years of life. *Child Development*, 72(1), 2001,1-21
○冨田久枝・杉原一昭編著『保育カウンセリングへの招待』北大路書房、2007

参考事例　Check it out!　本書姉妹書『〜保護者支援、先生のチームワーク編』p.54

おおむね1歳半から6歳まで

5 「友達とのけんかが絶えない、かんしゃくの激しい」シンくんの場合

●攻撃性／反社会性の問題

　5歳半のシンくんは、年長組に進級したばかりの男の子です。保育所には2歳で入所しましたが、ちょっとしたことでかんしゃくを起こしやすく、友達に対してもすぐに叩くなどの行動に出るため、けんかが絶えませんでした。年齢が上がっても、その傾向はあまり変わらず、年長組になった今も、友達だけでなく担任に対しても、怒ると乱暴な言葉や態度で向かってきます。落ち着いてから話をすると、反省して友達に謝ることもできるのですが、しばらくするとまた同じことのくり返しです。

■事例のポイント

　シンくんは両親と二つ年下の弟の4人家族です。母親によると、乳児期からぐずることが多く、いったん泣き出すと、あれこれと対応してもなかなか機嫌が直らず、育てるのが難しいと感じていたとのことです。また、弟が生まれたばかりの頃は、可愛がったり母親の真似をして世話をしようとしたりしていましたが、弟が大きくなってくると、自分の邪魔をしたと感じて叩いたり押し倒したりすることが多くなったそうです。興奮しているときは母親にも強い力でぶつかってきます。父親がいるときに兄弟げんかがひどくなると、父親が一喝して終わることが多いようです。シンくんは父親に対しては、「怖い存在」と思っているようです。

　「かんしゃくを起こしやすい」「乱暴ばかりする」といった子どもの行動の悩みは決して珍しいことではありません。では、なぜ乱暴で攻撃的な行動が起きるのか。もともとかっとなりやすい気質が根底にあると考えられる場合もあります。また、身近に乱暴な行動をする人の姿を日常的に目にするような環境で育ってきた、といった環境要因も考えられるでしょう。子どもが何かしらの欲求不満を持ち続けているのだけれど、それが解決されないままストレスとなっている場合も、そのストレスの発散が乱暴な行動になって現れます。また、月齢が高くても（月齢が低い場合はなおさら）言語で自分の気持ちや意見を適切に表現できない場合も、相手に対して直接的な攻撃的な行動で出てしまうことがあります。

一般的な発達の過程で見ると、2歳頃から3歳代にかけての年齢は自我の育ちの時期でもあり、自己主張が強くなる一方、我慢をするといった自己抑制はまだ難しい段階です。したがって、3歳児のクラスでは、まだ言葉で自分の考えを適切に表現することが難しく、相手の立場や気持ちを素早く理解する力も未熟なため、しばしば手や足が出るけんかが起こります。しかし、年少組から年中、年長と集団生活の中で友達との様々なトラブルを経験する中で、我慢をしたり人に譲ったりすることが友達との関係をスムーズにすることを理解し、自己抑制を学んでいきます。

5歳を過ぎても乱暴な行動が収まらないシンくんには、どういった背景が考えられるでしょうか。

■支援のヒント

シンくんには赤ん坊の頃から、どちらかと言うと気難しく怒りっぽい気質が表れていたようです。そのせいもあって母親は育児を難しく感じ、シンくん自身も欲求不満を感じやすかったのかもしれません。また、弟が生まれたことにより、両親の関心がいつも自分に向けられるわけではなくなったことがシンくんの気持ちに影響している可能性があります。こうしたことから、母親ともできるだけ話し合いをして、シンくんについての情報と対応を共有することが大切でしょう。

どんなときにかんしゃくを起こすのか、かんしゃくを起こすのに、何か共通したきっかけがあるのか、あるいは相手が誰かによって、乱暴な行動に出やすいのか、など園でのシンくんの行動をよく観察することが大切です。子ども同士のいざこざは、発端がよくわからないこともありますが、担任だけでなく、複数の保育者が協力して見るのがよいでしょう。一連の過程を複数の保育者の目で捉えることで、対応についても様々な視点から考えることができます。

また、これまでシンくんに対して保育者がどのように関わってきたかも整理してみます。シンくんには、精神発達の遅れ等の問題はありませんが、言葉の表現力が未熟であれば、相手にどう言えばよかったのかなどを保育者と一緒に考える経験をくり返すことが支援となるでしょう。

乱暴な子どもは往々にしてしかられることはあっても、ほめられることは少なくなりがちです。しかられ続けて自信を失ったり、逆に攻撃性を増大させることのないよう配慮が必要です。シンくんの支援目標として、「自分で行動を調整できるようになる」「友達と穏

やかに関われるようになる」「自分の気持ちを言葉で伝えられるようになる」などが考えられます。

　ただ、シンくんの行動の根底にある心に寄り添った対応が支援の要となることを忘れてはいけないでしょう。行動自体は、間違っていて修正しなければいけないものですが、まずはそうした行動をとらざるを得ないシンくんの気持ちを受け止め、シンくんが自分自身を否定されたと取らないよう配慮した関わり（指導）が望まれます。

チェックポイント

① 生育歴、家庭環境、親子関係等についてできるだけ詳細な情報を収集する。
② 問題行動とその前後の状況、保育者の関わりに対する反応など、シンくんの行動を客観的に詳細に、複数の目で観察する。
③ 所持語彙、言語表現力を把握する。

反社会的行動とは
　反社会的行動とは、社会規範や秩序に反するような行動全般のことで、自己の欲求や願望が満たされないことから周囲に反抗心を抱くようになった結果生じるとされています。幼児期は、他者との関係の持ち方や社会のルールを学んでいる途中ですので、その過程で周囲からの適切な関わりにより、反社会的行動が修正されていくことも十分期待できます。しかし、中には反抗性挑戦障害、行為障害などの診断に至るケースもありますので、問題が深刻な場合は専門機関に相談することも考えます。

■支援の具体的手立て

(1) 行動観察により、乱暴な行動に至る原因を探る

　シンくんが乱暴な行動に出る予兆やきっかけを予測できれば、行動がエスカレートする前に保育者が介入することができます。大勢の子どもたちが動いている保育の場では、子ども同士に生じる様々な出来事の発端から最後までをもらさず観察することは難しいものですが、支援の第一歩は、シンくんの問題となる行動の記録を詳細にとることです。園全体で取り組むことが望まれます。

(2) 子どもの気持ちに共感したうえで、適切な表現に言語化していく

　製作の活動中、シンくんがいきなり隣の子どもにつかみかかって怒鳴ったところを保育者が止めに入りました。隣の子どもはシンくんのクレヨンを、断ってから使ったつもりでいたようですが、シンくんには聞こえなかったようです。静かで落ち着ける場所で、な

ぜ、そのような行動をしたのか、シンくんと一緒に考えます。

> **シン**「だって、○○（友達）が、ぼくのクレヨンを勝手に使ったんだもん」
> **保育者**「そうか、勝手に使われたから、シンくんは腹が立ったんだね（感情の伝え返し）。○○くんはシンくんに『貸して』って言ったと言ってるけど、どうだったかな？」（「聞こえなかったの？」という否定的な質問ではなく、開かれた肯定的な質問）
> **シン**「言ってない！ 聞こえなかった！」
> **保育者**「そうか、シンくんには聞こえなかったんだね。黙って、勝手に取ったと思ったんだね。それは嫌な気持ちになるよね」（共感）
> **シン**「いつも○○は、ぼくの物を勝手に取るんだよ！」
> **保育者**「でも、いきなりグイってつかまれたら、○○ちゃんもびっくりしてしまうよ。ほかにいい方法はなかったかな？」
> **シン**「……何で取ったのって言う……」
> **保育者**「そうだね、そう言われれば、○○くんもすぐに謝れたと思うよ。シンくんはきちんとお話ができるのだから、今度はそう言ってみようね」

　年長児の年齢になると、自分のしたことを振り返り、思い出して、考えることができるようになり始めます。ここで、保育者など大人の適切な援助があると、トラブルの記憶が否定的なだけのものにならず、自分の気持ちを前向きに保つことができます。

(3) 保護者との連携を図る

　シンくんの場合、家庭では母親の制御は利かなくなり、父親が厳しく叱責することでけんかが収まるようですが、頭ごなしに支配するやり方は、さらに年齢が上がっていくと、別の問題を引き起こす恐れがあることを保護者と話し合う必要があるでしょう。園での取り組みを伝え、日ごろから、シンくんの良いところをほめるように、家庭とも連携をとっていきましょう。

（大熊光穂）

●参考文献
○森上史朗、柏女霊峰編『保育用語辞典 第7版』ミネルヴァ書房、2013

参考事例 Check it out! 本書姉妹書『〜保護者支援、先生のチームワーク編』p.98

おおむね1歳半から6歳まで

6 「排泄が自立せずオムツが取れない」マサオくんの場合

●発達障害による排泄感覚の鈍さ

　2歳6か月のマサオくんは、知的には問題はないものの身辺自立や社会性などの発達に遅れがみられ、小児科から発達障害の疑いを指摘されています。年齢的には、そろそろ排泄の自立が始まってもよい頃なのですが、うまくいきません。特に、保育者に排泄の意思を伝えることが苦手で、保育者が「おしっこは大丈夫？」と聞いて「うん」と答えたのにそのあとすぐに漏らしてしまうことがあります。保育者はそのつど「今度はちゃんと教えてね」と伝えたり、漏らしてしまわないか心配でしばしばおしっこは大丈夫か確認しているのですが、なかなかよくなりません。

　このため、みんながパンツをはいているなかでマサオくんだけがまだオムツが取れずにいます。そのせいか、お散歩の前などにみんなでトイレに行くときも、マサオくんはみんなと一緒にトイレに行きたがりません。

■事例のポイント

　2歳6か月頃では、多くの子どもが尿意や便意を保育者に伝えることができるようになり、また、保育者がついていれば自分で排泄することができる子どもも増えてきます。そのような中でうまく保育者に伝えられずに漏らしてしまい、オムツを取ることができないマサオくんに心配があるようです。マサオくんは発達障害の疑いがあるとのことですが、保育者に伝えることが苦手である以前に、自分で自分自身の尿意や便意に気づきにくく、失敗してしまう可能性も考えられます。このため、「何度言っても事前に教えてくれない」という状況に陥ってしまうと考えられます。

　また、保育者はマサオくんがお漏らしをしてしまうことを気にするあまり、頻繁におしっこは大丈夫か、と声をかけているようですが、あまりにも声をかける回数が多くなりすぎると、かえって子どもにプレッシャーを与えてしまうことになり、緊張してうまく伝えることができなくなってしまいます。さらに、トイレに行くこと自体に抵抗があったり、トイレという環境に不安を持っていることもうかがわれます。

■支援のヒント

排泄の自立に至るまでのおおまかな順序と時期は次のとおりです。
- 1歳～1歳6か月：排泄したことを知らせることができる。
- 1歳6か月～2歳：尿意や便意があることを伝えることができる。
- 2歳6か月頃：大人がついていけば、一人で排泄することができる。
- 3歳頃：パンツを脱がせてやれば、一人で排泄することができる。
- 4歳頃：概ね一人だけで排泄をすることができるようになり、排泄後の後始末まで一人でできるようになる。

ただし、これには個人差や、しつけによる差異もあります。特に、マサオくんは年齢的には大人の補助があれば一人で排泄することができる時期なのですが、その前の段階の、尿意や便意を伝えることもうまくできていません。その背景には、発達障害を持つ子どもに特有な、排泄に対する感覚の鈍さが挙げられます。すなわち、尿意や便意の感覚が鈍く、直前まで意識がないのに気づいたら漏らしてしまっていると考えられるのです。排泄に対する感覚の鈍さは年齢とともに解消されていきますが、その時期は通常の子どもよりも遅くなります。

また、マサオくんはトイレに行くことに抵抗感があるようですが、園のトイレに対する不安も原因として考えられます。園のトイレは家庭よりも大きく、薄暗いこともあるので、不安の高い子どもにとっては苦手になりやすいものです。また、発達障害をもつ子どもは聴覚が過敏であることも影響します。園のトイレは大きいために音が反響しやすいことが多く、水の流れる音や、友達のにぎやかな声が反響し、それを不快に感じる場合があります。さらに、発達障害を持つ子どもは家での慣れたトイレの使い方を応用することが難しく、排泄することだけでなく水を流す、手を洗う、スリッパを脱ぐなどの一連の動作を覚えることが苦手で、園のトイレの使い方の違いがわからなくなってしまうために戸惑ってしまうことがあります。

このような状況を踏まえると、支援の方向性・目標としては、①排泄の周期を見極め、排泄の習慣を身に付けるようにする、②トイレに対する不安が高い場合は、保育者がトイレに付き添うようにする、③保育者や保護者の関わり方を見直し、家でのしつけの状況も踏まえておく、等を考えることができます。

> **チェックポイント**
>
> ①　排泄の習慣はどの程度身に付いているか。
> ②　園のトイレの環境に対する不安はないか。
> ③　排泄への保育者や保護者の対応が、子どもにとってストレスになっていないか。

排泄の自立と心理発達

　排泄の自立は、生活習慣の確立という意味のほかに、心理的な発達を促すことにも大きな意味を持っています。年齢段階ごとに生じる発達課題を解決することで心理発達が成し遂げられると考えたエリクソン（Erikson,E.H.）によれば、幼児期前期の発達課題は「『自律性』対『恥』」であるとされます。自律性とは、自分で行動するというイメージがわかり始め、自分自身でなんでもやれるという感覚を指します。しかし、これがうまくいかないと恥の感情が生まれ、活動や自分自身に対する自信を失ってしまいます。この、自律性対恥の関係が、排泄の場面に大いに反映されると言えます。すなわち、排泄がうまくいくことで自律性を身に付け、失敗することで恥ずかしいという気持ちを経験するのです。

　また、発達課題の克服には重要な他者（エージェント）の存在が欠かせません。エリクソンによれば、この時期の重要な他者は保護者であるとされますので、排泄のしつけをめぐる保護者の対応の在り方が、子どもの発達に大きな意味を持っていると考えることができます。

■支援の具体的手立て

(1) 排泄の習慣を身に付けるようにする

> ○一日の保育の流れの中で、例えば、遊びの前、昼食の前、午睡の前、などにトイレに行く時間を組み込んでみる。

　まず、尿意や便意を保育者に伝えることが苦手な子どもに対しては、このような支援が有効です。特に発達障害を持つ子どもにとっては、あらかじめスケジュールが決められている方が不安は少なくなりますので、定期的にトイレに行くことが日課になると、排泄の習慣が身に付き、トイレに行くことに抵抗が少なくなることが期待できます。また、定期的に排泄をすることで、排泄の感覚の鈍さによる失敗が少なくなり、排泄に対する自信を高めることにもつながります。

(2) 保育者がトイレに付き添い、不安を少なくする

　トイレに行くこと、またはトイレの環境自体に不安がある場合、それを解消するためには、保育者がトイレに付き添うことが有効です。保育者がトイレの使い方を教えることに

加えて、保育者と一緒であることで子どもは安心し、トイレが怖い場所でないことを理解することで、トイレに対する不安も徐々に薄れていきます。また、トイレの雰囲気を明るくし、時には子どものお気に入りのキャラクターを置くなど、トイレに行きやすくするための環境構成の工夫も有効です。

(3) 保育者や保護者の関わり方を見直す

排泄に対する大人の対応の在り方が、時には子どもにとってストレスになることがあります。園において保育者が子どもの排泄のことを始終気にかけていては、子どもにとってはそれが過度の期待と捉えられ、プレッシャーになってしまいます。

また、意識ができずに漏らしてしまったこと自体で子どもは困っているのに、加えて「なぜ知らせてくれなかったの」と言われてしまうと、子どもには非常につらい経験となってしまいます。

このため、次のような支援の姿勢が大切です。

> ○排尿の周期を見極めて、適切なタイミングで声をかけるように心がけるようにし、失敗しても過度に叱責することのないようにする。反対に、うまく伝えることができたときにはそれを認め、しっかりほめ、子どもの自信を高めるようにする。

また、家庭において排泄に対してどのようなしつけが行われているのかについても確認し、必要に応じて保護者と連携して取り組む必要があります。例えば、自立を急がせようとして厳しくしつけていたり、保護者が汚れるのを嫌がってオムツを続けたりしている場合もあります。吸水性の良すぎるオムツの場合には、不快感が少ないためにかえって排泄の感覚が身に付きにくくなります。

保護者に対して、排泄に関する子どもの特徴を伝え、じっくりと取り組む姿勢を伝えることが必要であると言えます。

(田爪宏二)

参考事例 Check it out! 本書姉妹書『〜保護者支援、先生のチームワーク編』p.60

おおむね１歳半から６歳まで

7 「集団場面になるとパニックになり勝手な行動をとる」タクヤくんの場合

●多動傾向／注意欠如

　タクヤくんは父親の転勤に伴い他県より引越しして、４月から年中組に入園しました。転入当初、緊張する様子もなくいろいろな遊びに興味を示しましたが、クラスでの一斉活動が始まると保育室から飛び出して、自分がしたい遊びを始めます。周りにいる教師に注意されると、顔つきが変わり「こんな、幼稚園やめてやる！」と言って泣き出し、遊んでいるものを投げ、教師に暴言を吐いて外に飛び出します。近くにいる友達に危害を与えることもあります。

■事例のポイント

　登園の際、タクヤくんは通園バックや着替えなどを自分で持たずに、母親より先に駐車場から駆け出してきます。玄関に入ると外靴を脱ぎっぱなしにして、遊びたい場所に走って行きます。時にはブロックを箱から出して部屋中に撒き散らし、遊戯室ではボールをあるだけ投げ飛ばします。
　朝の会や製作活動の時間は椅子にじっと座っていることができず、保育室から出てしまいます。昼食のときも、好きなものだけ食べると食器をそのままにして、遊戯室に行き遊び始めます。消火器やコードなど危険なものに触ろうとしたり、職員室のパソコンをいじったりすることもあり、注意されると「この幼稚園の先生なんか嫌いだー！」と言って外に飛び出します。
　共同で使う大型積み木やブロックを独り占めしたり、友達が作った製作物やかばんについているキーホルダーが欲しくなると我慢できずに取り上げたりするため、友達とのトラブルも絶えませんでした。友達が怒ったり反論したりすると、相手を蹴ったり持っている玩具で叩いたりして、怪我をさせることもありましたが、謝ることはありませんでした。理由を聞いても相手が悪いと主張し続けます。衝動的に近くにいる子を押したり、物を壊したりすることも多いのですが、注意されてもどうしてやってしまったのかわからない様子でした。危害を受けた子はタクヤくんに対して怖がり、友達のお母さんは自分の子どもに「タクヤくんは、乱暴なので近づかないように」と、言うようになりました。

第3章　事例で考える　保育者のためのカウンセリング・テクニック　おおむね1歳半〜6歳

■支援のヒント

〔タクヤくんの観察記録から①〕

　好奇心が旺盛で、幼稚園の珍しいことに次々と関心を示し遊び始めますが、思うとおりに行かないとパニックを起こします。

　男子数名が大型積み木で基地を作っているところに入っていき、崩し始めました。一人の子が怒ってやめさせようとすると、積み木を抱え相手にぶつけようとしました。保育者に止められて理由を聞かれると、乗り物を作りたかったと言います。

　○タクヤくんの気持ちを受容することは必要ですが、何でも好き勝手にすることではなく、やっていいこととやってはいけないことをきちんと伝えなければなりません。

　○言語面での未発達とコミュニケーション不足が友達との関係性を悪化させています。良い関係を築くためには、集団遊びの楽しさとルールの理解、自分の思いが通らないときの対処法も一緒に考えていく必要があります。もしも、友達に危害を加えたときには、相手の気持ちや痛みなども伝え、どうしたら怪我をさせないですむか、考える時間をつくります。

〔タクヤくんの観察記録から②〕

　年下の女の子やおとなしい男の子にはやさしく、外遊びをするときに手をつないで園庭までつれて行ってくれたり、砂場用具の使い方を教えてくれたりすることもあります。年少組の担任からお礼を言われるとニコニコして「どういたしまして」「困ったときはいつでも言ってください」と返事します。

　○タクヤくんの良い面を強化していくことで、自己肯定感につなげます。

〔母親とのラポール形成〕

　母親は、タクヤくんが不本意な引越しによって、大好きな担任や親しい友達と離れたことがショックだったと考え、タクヤくんの要求には何でも応えようとしています。降園後、園庭で遊んでいきたいと言うと、母親は困った表情をしながらも結局タクヤくんの思うままにさせています。しかし、「家では、身の回りのことは一切しませんし、夕食後お風呂に入る時間になってもいつまでも遊んでいます。何度も注意して、やっと入らせます」と、母親はタクヤくんの扱いに困っているようです。母親の話を傾聴し、思いを受容することで、安心して相談できる関係づくりをします。

チェックポイント

① どのようなときパニックになり、どのようなときパニックにならないか、観察する。
② 興味や関心のある遊びに注目する。
③ 母親の理解者・支援者になれるキーパーソンはいるか、情報収集を行う。

支援の方向性

① タクヤくんは自分のやりたいことだけ行い、生活を送る上で必要な事柄を面倒くさがります。集団生活における必要なルールを理解しながら、やって良いことと悪いことの区別を身に付け、園生活に慣れ親しむような支援が必要です。
② 友達と一緒に遊ぶこと・協力することの喜びを体験するきっかけつくりをします。
③ 衝動的な行動は自分でも抑えられません。時には友達に怪我をさせることもありますが、相手の痛みやいやな気持ちが理解できません。保育者は自分の思いを言葉で表現する方法を知らせるとともに、時にはタクヤくんの代弁者になります。
④ 母親はタクヤくんが新しい生活に慣れて欲しいと思っています。しかし、タクヤくんの行動に戸惑い、何とかしなければと思いながら、具体的な手立てを見つけられないでいます。担任は母親に共感し、一緒に考えることで母親の育児不安を軽減するようにします。

■支援の具体的手立て

(1) 生活カードや砂時計を利用することで、楽しみながら身の回りの支度、片付け、食事など幼稚園生活の流れを理解できるようにする

〔登園したとき〕
　タクヤ（無言で外靴を脱ぎ、上履きを履くことなく、保育室に入ってくる）
　担任（壁に貼ってあるカードも見せながら）「これは何の絵かわかる？」
　タクヤ「玄関の靴箱に、靴が入っている」
　担任「そうね、タクヤくんの靴はどこにあるかなー」
　タクヤ「まずい、靴を入れなきゃー」（と言って、玄関に戻り、靴をしまう）
　タクヤ「あとどんなカードあるの？　あ、これは出席カードにシールを貼るんだ」
　担任「すごいね、あっという間にできたね」（とほめる）
〔昼食時間になっても、遊びをやめないとき〕
　担任「食事の時間だから終わりにしようか？」
　タクヤ「やだー、僕はずーっとやってる」
　担任「そうかー。この砂時計をひっくり返して、砂が下まで落ちるまでに片付けるのは、

無理かー」
タクヤ「できるったら、できるの」（と言って片付け始める）

(2) 友達と幼稚園生活が楽しめるようにする

　タクヤくんが園庭でだんご虫を探しているとき、ケンくんが「こっちにたくさんいたよ」と教えてくれました。担任が「良かったね」と声をかけると、タクヤくんはうれしそうな表情をしました。好きな遊びを友達と一緒にすることで、幼稚園に親しみを持ち、協力や譲り合いを体験します。

(3) 予防的支援でトラブルを回避する

　楽器遊びのとき、リコちゃんが使っているウッドブロックをタクヤくんが突然奪い取りました。

> リコ「私が使っていたのに、勝手にとったー」
> 担任「使いたいときは、なんて言ったらいいかなー」
> タクヤ「かしてー」
> リコ「やだー、私が使ってたー」
> 担任「どうしたらいいかしら？」（と二人に聞く）
> リコ・タクヤ「順番に使う」
> 担任「そうね。CDかけてあげるけど、タクヤくんはどの曲がいい？　リコちゃんは？　タクヤくんはリコちゃんがやっているとき、審査員で上手だったら丸のカードを上げるのはどう？」（と提案）
> タクヤ「それいいねー」

　タクヤくんはリコちゃんにウッドブロックを渡し、自分は審査員席を作り、そこに座りました。タクヤくんの行動の裏に隠されている本当の気持ちを知り、気持ちを満たしてあげることが大切です。友達に危害を加えるのはどんなときか、観察と注意が必要です。友達に手が出そうなときは、保育者がすぐ止めに入るようにしたり、気持ちの切り替えを図ったりします。

　玩具の取り合いで相手に怪我をさせたときや、思うとおりにいかず突き飛ばしてしまったときには、「○○ちゃん、"痛かった"って泣いているよ」「どうしたら許してくれるかしら？」など、自分で考える時間をつくってあげるようにします。時には場所を変えて、静かな所でゆっくり落ち着いて考え話せる雰囲気をつくることで、同じ過ちをくり返さないようにします。

(4) タクヤくんが自己肯定感を持てるようにする

　当番活動やお手伝いをしたときには、「助かったわ」「ありがとう」と声かけします。そのことをタクヤくんの前で母親にも伝えます。

　友達が通園バックに新しいキーホルダーを付けてきたときに、取り上げるのではなく「見せて」と言い、見せてもらった後で「ありがとう」と言えたことを、友達の前でほめます。

(5) 母親への受容と共感

　「お母さんは、タクヤくんのこと一生懸命考えていらっしゃいますね」と担任が母親のがんばりを認め、応援していることを伝えます。

　また、「幼稚園ではカードや砂時計を使っているのですが、お家ではどんなことができそうですか」と、幼稚園での様子を伝えるとともに、家庭でできそうなことを考えてもらい、できたときはそのことを強化するよう励ましていきます。

　いずれにしても、担任だけではなく、教職員がタクヤくんについての情報を交換し、園全体で支援します。また、観察や支援を続けていく中で、医療・療育機関のサポートが必要と思われるときは、その旨を両親に伝えます。そのためにも普段から、家庭と園が連絡を密にとり、信頼関係を育てることが必要です。

　　　　　　　　　　　　　　　　　　　　　　　　　　　　　　　　　　　（鈴木裕子）

発達障害とは

Column

　発達障害はいくつかのタイプに分類されており、自閉症、学習障害、注意欠如・多動性障害（ADHD）などが含まれます。

　これらは、生まれつき脳の一部に機能障害があるという点が共通しています。つまり、生まれつきの特性であり、病気とは異なるということをまず理解しておきたいものです。

　一人の人が複数タイプの発達障害を持つことも少なからずあります。そのため、同じ障害がある人同士でも一見状態が全く異なるように映ることがあります。

主な発達障害

自閉症（Autistic Disorder）：3歳位までに現れ、①他人との社会的関係の形成の困難さ、②言葉の発達の遅れ、③興味や関心が狭く特定のものにこだわることを特徴とする行動の障害であり、中枢神経系に何らかの要因による機能不全があると推定されます。

高機能自閉症（High-Functioning Autism）：3歳位までに現れ、①他人との社会的関係の形成の困難さ、②言葉の発達の遅れ、③興味や関心が狭く特定のものにこだわることを特徴とする行動の障害である自閉症のうち、知的発達の遅れを伴わないものを言います。また、中枢神経系に何らかの要因による機能不全があると推定されます。

学習障害（LD）（Learning Disabilities）：基本的には全般的な知的発達に遅れはないが、聞く、話す、読む、書く、計算する又は推論する能力のうち特定のものの習得と使用に著しい困難を示す様々な状態を指すものです。学習障害は、その原因として、中枢神経系に何らかの機能障害があると推定されますが、視覚障害、聴覚障害、知的障害、情緒障害などの障害や、環境的な要因が直接の原因となるものではありません。

注意欠如・多動性障害（ADHD）（Attention-Deficit/Hyperactivity Disorder）：年齢あるいは発達に不釣り合いな注意力、及び／又は衝動性、多動性を特徴とする行動の障害で、社会的な活動や学業の機能に支障をきたします。中枢神経系に何らかの要因による機能不全があると推定されます。なおDSM-Ⅴ（アメリカ精神医学会の診断ガイドライン、2013）では、発現年齢が7歳以前から12歳以前へと引き上げられました。

※DSM-Ⅴ病名・用語翻訳ガイドラインが2014年に日本精神神経学会から発表されました。それによると、「学習障害→学習症」「言語障害→言語症」「注意欠陥・多動性障害→注意欠如・多動症（または〜多動性障害）」等、訳語が変更されましたが、本書では一部を除いて従来の呼称で表記しています。

出典：厚生労働省ホームページ及び文部科学省ホームページ、DSM-Ⅴ関係資料等を基に作成。

おおむね1歳半から6歳まで

8 「遊びや生活に意欲や関心が持てない」ケイスケくんの場合

●注意欠如／知的な遅れ

　ケイスケくんは、入園当初、静かで手のかからない子という印象でした。ところが、保育する中で担任の話が理解できていないのではないかと感じられるようになりました。製作活動のときは、クレヨンをケースから出して机の上に置いたままにしています。他の子がブロックや積み木で遊んでいても関心を示さず、園庭に出て固定遊具に誘っても参加しません。家庭での様子を聞くと、小さいときから手がかからなかったようで、弟が生まれてからも特に親を困らせることはなかったようです。普段は気に入ったビデオを何時間も見ているとのことでした。

■事例のポイント

　ケイスケくんの家庭調書を見ると特別なことは何も記入されていません。両親はケイスケくんが初めての子で、子どもとはこんなものかと考えていたようです。また、発語が遅く語彙も増えないことに関しては気になっていますが、幼稚園で集団生活をすれば、友達の影響で言葉も出てくるのではないかと期待もしています。しかし、母親は姑から「しつけが悪い。下の子ばかりに手をかけ、ケイスケにはテレビばかり見せているから、何もしゃべれないのだ」と言われていると、育児不安をにおわせました。

　入園してから、ケイスケくんは母親と離れるとき大泣きしますが、担任が保育室に連れて行くと、気に入っている曲が流れているCDデッキの前に座り、体を揺らしてリズムを取っています。身辺整理は担任の手助けを受けながら行いますが、友達が行っている遊びには、関心を示しません。

　母の日に向けて、お母さんの顔を描くことになったときに、画用紙を受け取っても動かず、担任が一緒にロッカーまでクレヨンをとりに行き、絵を描くよう声をかけましたが、興味を示さずクレヨンを机に置いたまま、友達が描く様子を見ていました。

　外遊びに誘うと、固定遊具には関心を示さず、しゃがみこんで蟻の動きをジーっと見ています。そのうち、砂を口に入れ始めたので傍にいる保育者が注意しますが、離れるとくり返し砂を口に入れます。

昼食の時間は、自分から準備をすることがないため、世話好きな女の子がコップやスプーンを並べてくれます。食欲はある方で緑色野菜以外は何でも食べます。

個人面談の際に、園での様子を伝えながら、専門機関で相談することを勧めたところ、翌日父親が専門機関に電話をしました。ところが対応が悪かったと言って二度と相談はしないと、連絡をよこしました。さらに「かかりつけの医者が問題ないと言っている」と話し、母親も送り迎えの際に担任と目を合わせようとせず、距離を置くようになりました。

■支援のヒント

〔生活面〕

出席カードにシールを貼ることや、コップを指定の場所に出すなど毎日くり返される事柄については、できるようになっています。また、世話好きな女の子に安心感を示し、女の子の動きを真似て、食事の準備や降園支度をするようになりました。しかし、新しいことに関しては、友達の様子を見てやるときと、全く動かないときとありますので、そのつど担任が傍に行って声をかけたり、やって見せたりすることが必要です。

〔言語面〕

ケイスケくんは、担任がクラス全体に話すことが、自分にも向けられていると理解できません。言葉のやりとりはオウム返しで、担任が「トイレに行ってオシッコしましょう！」と声をかけると、「オシッコ」と単語で答えます。自分の気持ちや要求を言葉で表現できるよう、発語を促す工夫が必要です。

〔社会性〕

男の子が好きな戦いごっこに参加することもなく、友達と一緒に何かをすることより、一人でいることを好みますので、安心して過ごせる居場所を確保してあげることが必要です。さらに安心できる場所で、どんな遊びに興味を示すか観察することで、その遊びに誘い、参加できるよう働きかけます。

〔両親の不安〕

両親はケイスケくんの発達について何らかの不安を持っているため、かかりつけの小児科医に相談していますが適切なアドバイスは得られていません。担任は両親とまだ信頼関係ができていないうちに専門機関への相談を勧めたため、抵抗を受けてしまいました。まずは親の不安な点に直接アプローチするのではなく、ケイスケくんが園でがんばっている点や楽しく過ごしていることを話すことで安心感と信頼感を持ってもらうようにします。

チェックポイント

① ケイスケくんは園生活を理解できないのではないか。
② ケイスケくんが物事にこだわる点は何か。
③ 母親はケイスケくんの育て方に不安を持っているのではないか。
④ そのために両親と園とのラポールを形成する必要があるのではないか。

注意欠如、知的な遅れ

　DSM-Vでは、不注意の症状としては、次のa～iのうち六つ以上が少なくとも6か月間持続したことがあることを「注意欠如・多動性障害」の診断基準として挙げています。a）ケアレスミスをしやすい、b）集中し続けることができない、c）話しかけられたときにしばしば聞いていないように見える、d）指示に従えず、課題をやりとげることができない、e）課題や活動を順序立てることができない、f）精神的努力の持続が必要な課題を避ける、g）課題や活動に必要なものを忘れがち、h）外からの刺激に気が散る、i）活動における忘れっぽさ。集団生活において、子どもがこれらのことに該当すると、支援が必要となります。

　知的な遅れについては、「田中ビネー知能検査」「WPPSI/WISC知能検査」によって、知能指数を調べます。また、「新版K式発達検査」「乳幼児発達スケールKIDS」「遠城寺式・乳幼児分析的発達検査表」によって、子どもの発達指数を調べます。これらの検査をすることで、子ども理解や指導の手助けとなります。保育所・幼稚園においては、保育者が子どもの発達を知ることで、遊びへの誘いや園生活を伝える際に、声のかけ方や関わり方を工夫します。時には専門的な機関との連携も必要になります。

問題の見立てと理解

① ケイスケくんは、家庭の生活と園生活の違いに戸惑いを感じています。新しい場面や事柄に対しては躊躇しますが、くり返し行われることで身に付いたものは、決まった事柄として行うことができるようになっています。
② ケイスケくんは、一度座った席から別の場所に変わることに抵抗を示します。また、CDデッキのところが気に入ると、スイッチを押したり、ケースを開けたりしています。担任に注意されると一旦は席に戻りますが、また歩き回って、CDをかけようとします。
③ 母親は、姑からの言葉で、ケイスケくんの発語が遅く、社会性が育っていないのは、自分の育て方に問題があるのではないかと不安に思っています。
④ 両親は園から非難されているのではないかと、不信感を持っています。

■**支援の具体的手立て**

〔園生活の支援〕

　登園後、カバンのかけ方、スモックの着方について説明しても聞いていないように見え

るので、ケイスケくんの目の高さで話しかけるようにします。身支度の援助をした後は、一緒に園で飼っている小動物を見に行ったり、えさをやったりします。

担任だけで対応するのではなく、担任補助も細やかな配慮を、くり返し丁寧に行うことで、初めての場所にも安心して行き、新しい活動にも参加できるようにします。散歩や、新しい行事への参加をスムーズにするために、前もって絵本や写真やなどを使い、理解できる言葉で説明しておきます。

〔言語面での支援〕

「おはよう」「お外」「積み木」と単語だけで話したとき、担任はケイスケくんの言葉を受けて「ケイスケくんおはよう」「お外に行こう」「積み木で遊ぼう」など、二語文で答えるようにします。言葉に表すことができず困った状況のときは、言葉で代弁してあげます。

ケイスケくんは音楽が好きなので、手遊びの歌を一緒にくり返し歌うことで歌詞を覚え、語彙が増えることへの手助けとします。

〔社会性について〕

ケイスケくんは、友達と同じ遊びをしないので社会性がないと考えるのではなく、友達が世話をしてくれることに対して嫌がらないのは、クラスでの助け合い・協力する気持ちにつながっているとリフレーミングし、ケイスケくんを中心にクラスがまとまり社会性が育っていると考えます。

〔両親への支援〕

まず、信頼関係をつくることが必要です。そのために両親の普段の育児に対するがんばりをほめ、認めることで、自己肯定感が持てるようにします。

両親は、姑から育て方が悪いと言われています。姑がそのように言うのは、孫の教育に関心があるということをリフレーミングして、両親に安心してもらう必要があります。

また、ケイスケくんは、玩具の取り合いや言い争いをすることがないので、周りからやさしくおとなしい子と思われていることや、園でできるようになったこと、がんばっている様子を話し、安心できるようにします。また、機会をみつけて専門機関での検査を受けるよう勧めます。その結果、ケイスケくんへのよりよい支援ができることを話していきます。

〔園内でのチーム保育について〕

発達の遅れやこだわりなどにアプローチしがちですが、むしろケイスケくんの持っているリソース（良い点や得意な面）を探し、育てていくように、日々の観察記録の活用と保育者同士の情報交換を続けていきます。また、研修会参加や本を読むことで支援への正しい知識を持ち、協力体制をつくり、全員の意識を高めていくようにします。

（鈴木裕子）

おおむね1歳半から6歳まで

9 「保育者になじめない、甘えてこない（母親から離れない）」ユミちゃんの場合

●分離不安／登園拒否

　ユミちゃんは、入園式ではずっと母親に抱かれて参加していました。名前を呼ばれても返事をせず、担任が声をかけると顔を背けました。入園式翌日は、園の玄関までは母親と手をつないでニコニコして来ましたが、母親が帰ろうとすると泣き出し、担任が抱きかかえて保育室まで連れて行きました。ところが、玄関まで走って戻り外に出ようとします。担任に止められるとさらに大声で泣き叫び、通園バックを肩にかけたまま玄関に座り込んで動こうとしません。担任が抱っこしようとしても、他の保育者が玄関で一緒にいようとしても拒否し続けました。

■事例のポイント

　一人っ子のユミちゃんは、いつもお母さんと一緒でしたので、母親と離れなければならないことに大きな不安を抱きました。祖父母も同じ町に住んでいますが、仕事をしているため、あまり会うことがないようでした。近所には同年齢の友達もいないので、他の人と接する機会をつくろうと、月2回の子育てサークルにも参加していましたが、ユミちゃんは友達には全く関心を示さず、何をするにも母親に抱っこされたままでした。
　幼稚園に慣れないユミちゃんも、次第に泣かなくなるだろうと考えていた母親ですが、しゃくりあげながら「幼稚園にいかない！」と言って泣き続けるため、不安になってきました。しかし、幼稚園を辞めさせることは望んでいませんでしたので、母親と担任との話し合いにより、2〜3日母親も一緒に保育室で過ごしてみることになりました。
　ユミちゃんは母親が一緒にいるということで安心はしましたが、母親の方はなぜ我が子だけ親と離れられないのかと心配し始めました。また、担任や友達との関わりを持とうとしないのは、自分の育て方が間違っていたのではないかと考えるようになりました。

■支援のヒント

　ユミちゃんは、2歳のときに母親が入院して祖母の家に三日ほど預けられていました。

その経験から、母親がまたいなくなるのではという不安を持っていました。そのため、母親は決まった時間に必ず迎えに来るという実感が持てるようにしなければなりません。

母親の方は、ユミちゃんのお世話をすることに生きがいを感じていましたので、身の回りのことは何でもしてあげていました。そのため入園させることは必要と考えながら、自分がいないとユミちゃんは何もできないのではないかと不安でなりません。

ユミちゃんにとって幼稚園は未知の世界です。家庭では母親と二人だけの静かな時間を過ごしていたのに、子どもがたくさんいる賑やかな場所に来て抵抗を感じたのではないかと考えられます。ユミちゃんが園でお気に入りの場所を見つけられるよう働きかけることや、園行事や友達との遊びを通して、家では体験できない楽しいことがあることを知らせるという支援が必要です。また、ユミちゃんは担任に対して、自分と母親を引き離す人というイメージがあり、担任がユミちゃんを抱いたとき、担任の腕を噛んだこともあります。母親と担任がコミュニケーションを密にし、その様子をユミちゃんが見ることで、担任は安心できる人と感じられることが必要です。

チェックポイント

① 母子分離不安を持っているのではないか。
② まず母親と担任のラポール形成が必要ではないか。
③ ユミちゃんが安心できる居場所はどんなところか注目する。

「母子分離不安」とは

『カウンセリング辞典』(国分康孝編、誠信書房、1990)には「乳幼児の母との分離の関係で用いる概念である。片時も母と離れていられず、いつも一緒でないとダメという場合である」とあります。保育現場における母子分離不安は、子どもが登園後も母親から離れることを極端に怖がり、母親が帰ろうとすると泣き叫び、時には保育者が抱こうとしても暴れて抵抗する場合を言います。母親が自分を迎えに来ないのではないか、園生活がわからない、知らない先生や友達とどう関わればよいかといった子ども自身の不安、母親の不安を子どもが感じ取っている場合など、いろいろ考えられます。

問題の見立てと理解

① 入園前に母親の入院により離れたことがトラウマになっています。また、母親は育児に生きがいを感じていますので、自分がいなければユミちゃんは何もできずかわいそうと思っています。
② ユミちゃんにとって、担任は自分と母親を引き離すひどい人と感じています。
③ 幼稚園がどんなところか理解できないまま入園しました。静かに一人遊びができる家庭と違い、幼稚園は元気に話す子や泣く子など、いろいろな子がいて落ち着かない場所と感じています。

■支援の具体的手立て

(1) 第一段階：母子分離の準備

　母親も保育室に入って、ユミちゃんから見えるところに座り、降園まで一緒にいてもらいます。一週間過ぎた頃、母親は幼稚園に入るけれども、先生のお手伝いがあるから事務室で待っているとユミちゃんに話し、会いたくなったらいつでも母親の顔を見に来てもよいことにしました。母親には幼稚園での身の回りのことが気になっても手伝わないようお願いしました（スモールステップの支援）。

> **担任**「お母さんはこのお部屋で待っているから、ユミちゃんは先生とお部屋に行って、シール貼ってきましょう」
> **ユミ**「いやだー、お母さんと行く」
> **担任**（ユミちゃんを保育室まで抱っこして行き、シールだけ貼って、また母親のところに連れて行く）
> **担任**「ほら、お母さん待っていたでしょ」
> **ユミ**（母親の顔を見てにっこりする）
> **担任**「お友達が、ままごとしていたよね。ユミちゃんもお母さんにご馳走作ってこようか？」

　ユミちゃんは保育室に自分から駆けて行き、ままごとコーナーに入っていきました。担任がままごとコーナーにいる女の子たちに「ユミちゃんもままごとに入っていいですか？」と聞くと、ユミちゃんも真似して「いいですか？」と聞き、女の子たちが「いいですよ」と答えてくれました。ままごとコーナーでご馳走をつくり、できたものを、母親に運ぶというのをしばらく続けていました。

(2) 第二段階：居場所つくり

> **担任**「今日は、お母さんは銀行に行かなければならないのよね。用事が済んだら、迎えに来てくださいね」
> **母親**「わかりました。行ってきます」
> **ユミ**「ユミも行くー」
> **担任**「ユミちゃん、ウサギさんに人参持って来てくれた？」
> **ユミ**「持ってきたよ」
> **担任**「ウサギさんがおなかすかせて待っていたから、お母さんが銀行に行っている間に人参あげてくれない？」

> **ユミ**「いいよー。お母さん早く来てね」
> **母親**「わかった」

　ウサギがユミちゃんの差し出す人参を食べるので、ニコニコしています。友達が「私もやりたい」と言うと、人参ひとかけらを友達に渡しました。友達から「ありがとう」とお礼を言われるとうれしそうな表情をしました。ウサギにえさをやることを通して、友達との関わりができました。この時期はまだ午前保育でしたが、母親は他の子より少し早く迎えに来ていました。

(3) 第三段階：信頼感の確立

> **担任**「お母さんはお家でお洗濯と掃除をしたら、迎えに来てくださいね」
> **ユミ**「いやだー。ユミもお家に帰る」(お母さんが玄関から出ようとすると泣き出す)
> **母親**「大丈夫でしょうか？」
> **担任**「大丈夫ですよ。ユミちゃん、今日は先生がりんごを持ってきたので、ウサギさんにあげて欲しいんだけど」

　ユミちゃんは、泣きながらもりんごを受け取り、ウサギ小屋まで行きました。
　降園時間に母親が迎えに来たとき、担任が「ほら、約束どおりにお母さん迎えに来てくれたわね」と話すと、うれしそうな顔で母親の傍に走っていきました。

(4) 第四段階：母親と担任の信頼関係づくり

> **母親**「私が帰った後、ユミは泣いて先生を困らせていませんか？」
> **担任**「お母さんは、家に帰ってからもユミちゃんのことが心配なんですね」

　母親の気持ちに共感しながら、ユミちゃんはお母さんと離れるときに泣いていても、気持ちの切り替えが早くなり、泣き止んで友達と遊んでいる様子を話しました。それでも心配そうな表情なので、家に戻った頃に母親に電話をすることにしました。「今、ユミちゃんは動物のぬいぐるみを抱いて、友達とままごとコーナーで遊んでいますよ」と伝えるとほっとした様子です。三日間続けると母親の方から「電話をくれなくても大丈夫です」と言われ、お迎えのときにその日の様子を伝えることにしました。ユミちゃんは母親と担任が親しそうに話す様子を見て安心しているようです。
　母親と担任がコミュニケーションを密にし、その様子をユミちゃんが見ることで、担任は安心できる人と理解し、信頼感を持ったようです。

(鈴木裕子)

愛着と発達

・・・・・・・・・・・・・・・・・・・・・・・・・・・・・・・ *Column*

　3歳になるヒロシくんは言葉がまだうまく話せません。「くりゅま（車）」「でーしゃ（電車）」「ぱっぱっ（パパ）」「おかあたん（お母さん）」など、幼児語や幼児特有の発音で単語でしか表現できず、2語文などの文体での表現や形容詞や副詞の使用も全くできませんでした。この状態を母親は心配して幼児相談室を訪れました。

　初回面接のときです。親担当、子ども担当カウンセラーとスーパーバイザーの先生3人との初対面でも、泣いたり不安定になる様子はありませんでした。子ども担当のカウンセラーと電車で遊び始め、母親から離れてプレイルームに移動するときも、全く不安定な様子はなく、母子分離が異常なほどスムーズでした。このときから、母親との愛着が成立していないのではという見立てが生まれました。

乳幼児期に必要な愛着とは

　乳幼児期は人間関係の基礎が培われる最も重要な時期です。そして、発達全体からみても、乳児が順調に成長するためには良好な親子関係が不可欠です。養育者による温かい、愛情あふれる養育行動が必須となります。このような母親の養育行動、具体的には優しく子どもとのスキンシップやアイコンタクトを取りながら、語りかけながら母乳やミルクを与えたり、抱っこをしてあやしたり、子どもの欲求に応答的に接したり、といった養育行動が良好な母子関係を築いていきます。

　ボウルビィ（Bowlby, 1969）はこのような母子間の温かい絆、関係を「愛着（アタッチメント：attachment）と呼び、「人が特定の他者との間に築く緊密な情緒的な結びつき」と定義しています。そして、この愛着は乳幼児期の子どもの場合、多くが母親との間で形成されると言われ、特徴的な行動として一緒に居ようとしたり、母親が見えなくなると泣き始めたり、母親以外の人を見るとその違いをわかり泣いたり（人見知り）といった行動が挙げられます。これらは、愛着が形成されたために生じるものとして捉えられています。

　以上のことから、事例のヒロシくんは母親と離れるときも泣かず、見知らぬ人と初対面であっても平然と遊べることが乳幼児期としては不自然な行動であり、母親と一緒に居たいといった絆の希薄さを認めざるを得ませんでした。

愛着の機能

　愛着は当初、母親との応答的な温かい関係や生理的な欲求を充足（ミルクを与える、おむつを替

えるなど）させる機能を持つことから、副次的に形成されると考えられていました。しかし、ヒト以外の様々な動物観察等の結果から副次説に疑問が持たれました。カモやガンなどの鳥類の雛に見られる後追い行動は生理的欲求の充足如何ではなく、後を追うことが確認されています。ハーロウ（Harlow, 1958）のアカゲザルの実験でも、ミルクを与える金網の代理母とミルクは与えないが毛布でできている代理母を設置した結果、毛布製の代理母を拠点として探索行動を行うことが確認されているのです。

　ヒロシくんは幼児相談室に通い始めて3回目のセッションで初めて母親との分離を嫌がり、母親同席でプレイセラピィを行いました。その後のヒロシくんは次第に言葉の数も増え、文章で話しかけることもできるようになりました。ヒロシくんの心に愛着が芽生えたのです。愛着は発達に欠かせない「心の電池」と言っても過言ではないでしょう。

愛着行動とその発達

　無藤ら（1995）は愛着行動を三つのカテゴリーから分類してその発達を検討しています（右表）。生後8〜12週頃までは定位行動と発信行動が中心ですが、12週過ぎ〜6か月頃までは同じく定位

表　愛着行動のカテゴリー（出典：無藤ら、1995）

愛着行動のカテゴリー	行動例
発信行動	泣き、微笑、発声
定位行動	注視、後追い、接近
能動的身体接触行動	よじ登り、抱きつき、しがみつき

と発信であるものの特定対象に絞られ、生後6か月〜2、3歳は人物に対する弁別が明確になり、身近な人への親密な愛着行動が示される一方で人見知りも起こります。このほか、愛着の個人差については、エインズワース（Ainsworth, M. D. S.）がストレンジ・シチュエーション法を開発して母子の分離と再会の場面から明らかにしています。また、母子の応答的な反応による愛着形成が乳児の自己形成（内的ワーキングモデル）の発達に影響を及ぼすこともわかっています。

（冨田久枝）

●参考文献
- Bowlby, J., *Attachment and loss, vol.1 : Attachment*. Hogarth, 1969
  （黒田実郎・大羽蓁・岡田洋子・黒田聖一訳『母子関係の理論Ⅰ 愛着行動』岩崎学術出版社、1976）
- Bretherton, I., From dialogue to internal working models : The co-construction of self in relationships. In C. A. Nelson(Ed.), Minnesota symposia on child psychology, vol.26: Memory and affect in psychology. Erlbaum,1993
- 遠藤利彦・田中亜希子「アタッチメントの個人差とそれを規定する諸要因」桜井みゆき・遠藤利彦編『アタッチメント－生涯にわたる絆』ミネルヴァ書房、2005
- Harlow, H. F., The nature of love. American Psychologist, 13, 673-685., 1958
- 桜井茂男「乳幼児の心理」桜井茂男・岩立京子編『たのしく学べる乳幼児の心理』福村出版、1977
- 無藤隆・久保ゆかり・遠藤利彦『発達心理学（現代心理学入門2）』岩波書店、1995

おおむね1歳半から6歳まで

10 「朝起きられず、登園時間がまちまち」な コウキくんの場合

●生活リズムの乱れ／養育問題

　年長組のコウキくんは、朝起きるのがつらく、登園時間が遅くなりがちです。スクールバスの迎えの時間に間に合わず、設定保育が始まる頃やクラスで散歩に出かけた後に母親が自家用車で送ってくることが多く、朝食も軽く済ませたり、間に合わないと車の中でお菓子を食べたりしてきます。幼稚園に着いてからは、しばらく身支度もせずボーッとして、担任に促されて身の回りの支度をします。母親は下の子の世話もありコウキくんの朝の支度に困難さを感じていますが、来年は小学校に入るので何とかしなければと考えています。

■事例のポイント

　コウキくんは年少のとき、登園時間がまちまちでしたが、年中組に進級してからスクールバスを利用するようになり、母親も一生懸命バスの迎えに間に合うよう起こしていました。ところが、夏に弟が生まれてからは、母親が下の子に手がかかりコウキくんの世話がおろそかになって生活時間がさらに不規則になりました。コウキくんもバスが迎えにくる時間になると「ご飯食べたくない」「トイレに行ってもウンチが出ない」「幼稚園に行きたくない」と言って母親を困らせます。結局バスに乗り遅れてしまい、母親が送ってきますが、車から降りようとしないため、引きずるように降ろし、抱いて玄関まで連れてきます。時には担任が駐車場まで迎えに行くこともあります。年長組になってからも改善されず、スクールバスに乗ったり、母親が送って来たりの生活を続けています。

■支援のヒント

●**保育記録より**：〔年少時〕登園時間が遅い日は、遊び時間がないと不満気ですが、登園時間が早い日は、好きな遊びを友達と十分できるため機嫌よく過ごしています。〔年中時〕朝のバスに乗れず、母親と遅い時間に登園し、なかなか離れられないときがあります。

第3章　事例で考える　保育者のためのカウンセリング・テクニック　おおむね1歳半〜6歳

- **年長担任の話**：10時頃母親が自家用車で送ってくることが多くなりました。「幼稚園に行きたくない！」と叫んでいるコウキくんを抱きかかえるようにして玄関まで連れてきて、コウキくんを置いて逃げるように帰って行きます。「おはよう」と声をかけても返事はありませんが、保育室に連れていくと、黙って自分のロッカーの前に行き、しばらくボーっと座っています。仲良しの友達が遊びに誘うと渋々ついていきますが、遊ぶのを傍観している状態です。給食は、残さず食べます。午後の自由遊びの時間になると、自分から友達を誘って大型積み木で家や乗り物を作って遊んでいます。
- **預かり保育担当者の話**：園庭に出て砂場遊び、ボール遊びを楽しんでいます。部屋に戻ってから、年少児に、自分で考えたものを作ってあげて喜ばれています。
- **母親との面談でわかったこと**：母親は、子どもが父親と過ごす時間を大切にしたいと考え、コウキくんが生まれたときから父親に合わせた生活時間を送ってきました。父親もコウキくんと過ごす時間を大切にしたいと考えていますが、帰宅時間が遅いため、夕食・入浴を一緒にするとコウキくんの就寝時間は10〜11時頃になります。そのため、朝はなかなか起きられないということです。また、コウキくんは母親の関心が自分より弟の方に向けられていることへの不満を持っています。

　以上のことから、起床時間と朝食の摂取が園での生活に影響を及ぼしていると考えられます。乳幼児期は、子どもの発達にとって母親や父親といった身近な養育者の影響が最も大きい時期です（冨田、2007）。まずは、コウキくんの送り迎えの短い時間でも、母親に声がけをしながら信頼関係をつくり（ラポールの形成）、子どもにとって「早寝・早起きすること」「朝食をしっかりとること」がいかに大切かを伝えながら、そのために母親と父親がそれぞれの役割の中で、コウキくんにどのように関わっていけるか一緒に考えていくようにします（援助の方向性を探ります）。

　さらに、コウキくんが母親に愛されているという実感が持てるようにするにはどうしたらよいか考えてもらう必要があります（親子関係の支援をします）。

チェックポイント

① 母親と担任がまだ信頼関係を持っていないので、ラポールの形成が必要ではないか。
② 規則正しい生活リズムの大切さを理解していないのではないか。
③ コウキくんは、母親から愛されているという実感を持っていないのではないか。

問題の見立てと理解

① 母親は、大人の生活時間に子どもを合わせていますが、毎日規則正しい生活を送ることが子どもの健康に、いかに大切かを意識していません。そのことを伝えるためには、まず普段から母親とのコミュニケーションを取ることが必要です。

② コウキくんは父親との時間が楽しいので、遅くまで起きていますが、早く寝て、早く起きることで、朝食もおいしく食べることができ、早く登園できることをきちんと理解していません。

③ 生まれて間もない弟は、必然的に母親の世話が必要となるため、ある程度自分のことは自分でできるようになっているコウキくんへの関わりが少なくなっています。そのため、コウキくんは母親が弟の方を可愛がっていると思っています。

■支援の具体的手立て

(1) 育児の大変さについて共感しながら、母親・父親を支援する

〔母親の自己肯定感を高めながら、早寝・早起きについての意識づけをする〕

母親「コウキが朝なかなか起きなくて、やっと起こしても『ご飯食べない』『幼稚園に行きたくない』とぐずぐずして、今日もバスに乗り遅れてしまいました」

担任「お母さん、よく連れてきてくださいました。小さいお子さんがいるのに大変でしたね」「先日コウキくんがお母さんに絵本を読んでもらったときのことを、うれしそうにお話ししてくれましたよ」

母親「そうでしたか。あのときはたまたま主人が出張だったので、私が絵本を読んであげたんです。そしてそのまま一緒に寝たんですよ。翌日は早く起きて、ご飯もゆっくり食べました」

担任「そうですか。そういえば、絵本を読んでくださった次の日はスクールバスに乗って笑顔で登園しましたね。お友達ともたくさん遊んでご機嫌でしたよ」

母親「そうですか。やはり早く寝かせなきゃだめですね」

〔父親との関わり方について強化・支援する〕

担任「お母さんは、お父さんとコウキくんが過ごす時間を大切にされて、いろいろ工夫していますね。ところで、お父さんは土曜日・日曜日はお休みですか？」

母親「はい。休みのときは二人で公園に行ったり、ゲームをしたり、映画に行くこともあります」

担任「それはすばらしいですね」

〔母親との関わりについて、大変さを受容しながらも気づきも促す〕

母親「赤ちゃんの授乳時間に限って、まとわりつくのよね」

担任「それは大変ですね」

母親「それに何でもできるのに、わざと着替えや片付けをしないんですよ」

> **担任**「幼稚園では着替えや片付けしていますが、お家ではまったくしませんか？」
> **母親**「たまにするときもありますけどね……」
> **担任**「そのとき、なんと言っていますか」
> **母親**「そんなの当たり前ですから、特別何も言いません。でもたまにほめたり"ありがとう"と言うとうれしそうです」
> **担任**「これからも、コウキくんが待っていてくれたり、がんばったときにほめてくださると、喜ぶでしょうね」

(2) コウキくんの園生活が充実するために支援する

○幼稚園では友達がいつも待っていることを知らせるとともに、コウキくんが登園して身支度の後、好きな遊びがすぐできるように、保育室の環境設定を考えます。運動会やクリスマスなどの行事では、年長児として活躍する場面が多いので、コウキくんの希望の役割が決まったら責任を持たせ、できたときには自己達成感が味わえるようにします。

○保育の中で紙芝居や絵本の読み聞かせ、構成的グループエンカウンター（冨田、2007）を行いながら、規則正しい生活習慣や食事の大切さについて、コウキくんへの意識づけをします。

○両親には、規則正しい生活を送っていることで、コウキくんが友達と満足するまで遊び、元気に過ごしている様子を伝え、家庭での生活が持続できるよう励ましていきます。

○コウキくんは、幼稚園では年下の子の世話をしてくれるやさしいお兄さん的存在で、クラスの友達からも好かれていますので、担任以外の保育者からも認め、ほめてもらうことで、自信とがんばりにつなげていくようにします。

（鈴木裕子）

●参考文献
○冨田久枝・杉原一昭『保育カウンセリングへの招待』北大路書房、2007

11 「着替えや食事が自分でできない」タダシくんの場合

おおむね1歳半から6歳まで

●身辺自立の未完成

　年少組のタダシくんの両親は共働きのため、主な養育者は祖母です。両親は朝早く出勤するため、タダシくんが起きるとすぐ近くの祖母の家に連れて行きます。タダシくんは祖母の家で朝食を食べ、幼稚園の準備をして、祖父が運転する車で幼稚園に送ってもらいます。車から降りると祖母がタダシくんのかばんや靴袋などを持ち、手を引いて来ます。玄関に入ると「自分で靴を脱ぎなさい」と言いながらも、じっとしているタダシくんを見ていられなくなり外靴を脱がせ、上履きを履かせます。担任が保育室に連れて行こうとすると「どうしておばあちゃんは帰っちゃうの？」と聞きます。保育室に連れて行っても、持ち物の整理は一切しようとせず、上着を脱いでスモックに着替えるのもすべて担任の補助が必要です。食事のときも自分から食べようとせず、担任がスプーンで食べさせると口を開く状態です。

■事例のポイント

　一人っ子で、両親が共働きのため、生まれてからすぐ父方の祖母がタダシくんの世話をしていました。しかし、祖母も高齢になり、腰痛で入院するなど体も自由に動かなくなったということで、満3歳になって入園させました。それまで、着替え・食事・排泄すべて祖母がやってあげていたので、自分から何かしようという意欲がなく、また手先も使うこともなかったせいか、製作の際にははさみが使えず、食事のときは箸が使えませんでした。今まで何でもやってくれていた祖母と離れることはとても不安で、登園しても担任に抱っこされてしばらく泣き続けていました。

　入園当初から、ブロックや衣服、給食で使う食器と、ありとあらゆる物を投げ飛ばし、年少組に進級してからも物を投げることが続き、注意してもケラケラ笑って止めようとしません。友達が遊んでいる様子を遠くでじっと見ていますが、友達とどのように関わってよいのかわからない様子です。担任が遊びに誘っても逃げて保育室内を走り回ります。保育者も友達が遊んでいる場所に誘いますが、スーッと抜け出してしまい、友達と一緒に遊ぶ楽しさはまだ経験できないでいます。

　しかし、知識は豊富で言葉使いも大人びた口調で話します。ことあるごとに「どうし

第3章　事例で考える　保育者のためのカウンセリング・テクニック　おおむね1歳半〜6歳

て」という言葉を使い、納得するまで何度も質問します。

　祖母は迎えに来ると担任に「私の育て方が悪くて、迷惑かけて申し訳ないです」と何度も頭を下げて、駐車場に駆けていくタダシくんの後を追いかけながら帰ります。

■支援のヒント

　祖母と二人だけの生活が多かったので、入園することで大好きな祖母と離れることへの不安が大きく、どうして祖母だけ帰るのか不思議に思えたようです。そのため祖母は、いったん戻っても、家での仕事が済んだら必ず迎えに来るということを、納得するまで、くり返し話し、信頼感が持てるようにすることが大切です。

　一人で身の回りのことができないので、靴の履き替え、着替え、所持品の始末の仕方などを一つひとつ援助しながら丁寧に教えていく必要があります。その際、自分でできないところだけ手を添えてやります。一人でできるようになったら、「できたねー。上手よ」とほめます。どんな小さなことでも一人でできたという達成感が味わえるようにします。そのことを、お迎えの祖母にも伝え、家でもなるべく自分でやるように協力していただきます。

　物を投げたり遊びに誘ったとき逃げたりすることは、「困ったこと」と捉えがちですが、タダシくんなりに、担任との関わりを楽しんでいるとリフレーミングします。まずは一対一の関係で挨拶・スキンシップでリレーションづくりをします。次に、遊びに誘い、慣れてきたら数人の友達も加えて遊ぶことが楽しいと感じられるように働きかけます。

　保育参観や行事などで両親がいらしたときは、園での楽しんでいる様子を伝えながら、育児を祖母に任せることなく、少しでも多くタダシくんと関わることで、両親との愛着形成を促します。

チェックポイント

① 基本的生活習慣が身に付いていないことに注目する。
② まずタダシくんと担任とのリレーションづくりが必要ではないか。
③ 幼稚園生活を理解し、友達との関わりをつくるための手助けが必要ではないか。
④ 祖母が自己肯定感を持てるように声かけが大切ではないか。
⑤ 両親へのアプローチが大切ではないか。

問題の見立てと理解

① タダシくんは身の回りのことを、自分でしなくてもよい生活をしてきました。そのため手先の機能も同年齢の子より遅れています。
② 家庭では世話をしてくれる祖母が安心できる大人でしたが、幼稚園では担任が安心できる大人であることを理解できるようにします。
③ 幼稚園では、家庭とは違う遊びを友達と楽しめることを経験できるようにします。
④ 祖母は高齢のため、思うように子育てできないことで負担感を持ち、自分の育て方が悪かったとマイナス思考になっています。
⑤ 両親は仕事で忙しく、祖母にタダシくんの世話をしてもらっているという負い目もあって、何も言えないでいます。しかし、愛着形成のため積極的に我が子と関われるような援助が必要です。

■支援の具体的手立て

(1) タダシくんが一人で身の回りのことができるようになるための支援

〔登園時〕
祖母「ターくん靴脱ぐのよ。あ、ほらほら、早く脱がなきゃー」（と言って靴を脱がせようとする）
担任「昨日、外遊びをしてから部屋に入るとき、タダシくん一人で靴脱いでいましたよ。おばあちゃんに脱げるところ見せたら」（祖母が手伝いたくなる気持ちを受容しながらも、少しずつ一人でできることを増やせるように、見守ることの大切さへの気づきを促す）
祖母「家では何もしないけど、幼稚園では自分でやるんですね」

〔出席ノートにシールを貼るとき〕
タダシ「できなーい」
担任「できないところだけお手伝いするから、シールを剥がしてみようか」

シールを剥がそうと首を傾けながら必死で剥がそうとしますが、うまくできないので、台紙の方を押さえてあげると剥がすことができ、保育者が示したところにシールを貼りました。シールの向きが反対ですが、「自分でできたね」と言うと、にっこりしました。タダシくん自身、一人でできたという達成感と、次の行動への意欲が持てるようにします。

(2) 園で安心して過ごせるための関わり

〔祖母が玄関を出るとき〕
タダシ「おばあちゃん、行っちゃだめー！」
担任「おばあちゃんはお家でお仕事して、タダシくんが幼稚園でたくさん遊んで、給食も食べ終わったら、迎えに来るわよ」

決まった時間に祖母が送迎することで、園生活の流れを身に付け、担任と安心して過ごせるようにします。また、担任との信頼関係つくりのために、タダシくんの「どうして？」に納得いくまで付き合います。時には逆に担任が「どうして？」と聞くことで、タダシくんが担任とのやりとりを楽しめるようにします。

(3) 担任を介して友達と遊ぶ楽しさを経験できるようにする

担任が声をかけたときに逃げ出したら、「まて、まてー！」とわざと大げさに追いかけ、広いところまで連れて行きながら、追いかけっこを楽しませます。

スモックや遊具を投げ始めたときに、ボールを使った遊びに誘います。

最初はタダシくんと担任だけで、ボールの投げっこや転がしをします。その様子を見て他の子がやりたそうなら、一緒にボーリングごっこに誘っていきます。

(4) 祖母の大変だという気持ちに共感しながらも、自己肯定感が高まるようにする

> **祖母**「私が甘やかしているから、タダシは何もできなくてご迷惑かけています。やっぱり、おばあちゃん子はだめですよねー」
> **担任**「おばあちゃん、腰痛は大丈夫ですか？　大変なのにタダシくんのお世話をよくなさっていますね。何よりもご両親以外の方にも愛されているということは、タダシくんにとって宝物ですよ。それにおばあちゃんがしっかり見ていてくださるから、ご両親も安心してお仕事できるんですね」

(5) 母親への勇気づけとアサーション

保育参観で園にいらしたときに声をかけます。

> **担任**「仕事がお忙しいのに来てくださってありがとうございます」
> **母親**「おばあちゃんに懐いているので、いつもおばあちゃんにまかせっきりですが、今日は仕事休めたので来ました」
> **担任**「そうですか。おばあちゃんが育児に協力してくださるのはありがたいですね。でも、今日はお母さんが来てくださってとてもうれしそうですよ」
> **母親**「そうですかー」
> **担任**「ご家庭では、どんな時間にお母さんがタダシくんと一緒に過ごされますか？」
> **母親**「お風呂に入るときと、寝る前くらいです」
> **担任**「幼稚園では絵本の時間に集中して見ているので、寝る前に絵本を読んであげるのはどうでしょうか？」
> **母親**「今日からやってみます」

タダシくんが母親に絵本を読んでもらった翌日は、「よかったわね」と母親との楽しい関わりの時間を共感します。

(鈴木裕子)

おおむね1歳半から6歳まで

12 「食べ物の好き嫌いが激しく、食事場面でもめる」アイカちゃんの場合

●生活習慣の自立の遅れ

　アイカちゃんの母親は自分が偏食なので、アイカちゃんには好き嫌いなくなんでも食べられるようにと、離乳食を一生懸命作って食べさせていました。ところが次第に好き嫌いが出てきて、せっかく作っても食べないので無駄になると考え、食べないものは作らなくなりました。幼稚園の給食では、ふりかけご飯と鳥肉のから揚げのときだけおかわりをして、他はほとんど食べず、野菜にはまったく手をつけません。そのかわり家に帰ると「おなかすいたー」と言ってふりかけの付いたおむすびを2個食べることもあります。おやつはスナック菓子が好きで、母親が夕食の支度をしている間に、袋のままテレビを見ながら食べているので、夕食も満足に食べません。そのため便秘にも悩まされています。

■事例のポイント

　アイカちゃんは偏食で決まったものしか食べないため、お母さんは毎日給食がある幼稚園にアイカちゃんを入園させました。幼稚園でお友達と一緒だと嫌いな野菜も食べられるようになるのではないかと考えたのです。

　しかし、幼稚園で友達と一緒でも、給食をほとんど食べることはありません。保育者が声がけして食べるよう促すと、スプーンでおかずを突っつき味噌汁の中に入れてしまったり、果物を隣に座っている友達のトレーの中に投げてやったりします。そのためアイカちゃんの座っている周りはとても汚れています。友達からも「アイカちゃんは汚い」と言われています。

　家庭では食事中に遊んでしまうので、母親はしかりながら追いかけて、食べ物を口に入れますが、気に入らないと吐き出してしまうとのことでした。

　幼稚園に入ってからは、朝何も食べていかないとお昼までもたないと考え、ジャムパンやプリン、ドーナツなどアイカちゃんが好きな物を食べさせています。

■支援のヒント

〔アイカちゃんの生育暦〕

　生まれたとき未熟児だったため、母親は何とか丈夫に育って欲しいと思っていました。離乳食が始まってからは、保健師さんのアドバイスどおりに、手作りで毎食丁寧に作っていました。最初の頃、アイカちゃんもよく食べていましたが、プリンやジュース・おやつの味を覚えると、味の濃いものを好み、せっかく作った食事も食べなくなりました。アイカちゃんは便秘がちで、整腸剤と下剤を服用しています。一週間続くときは小児科に行って浣腸をしてもらっています。

〔家庭での食事の様子〕

　朝食のときは、テレビを見ていてスプーンを持ったまま動かないことがあり、そのつど注意しているとのことです。夕食のときは、自分の好きな汁物と肉類だけある程度食べると、絵本や気に入りの人形を出してきて遊び始めるので、最後まで食べ終わるのにかなり時間がかかるようです。

　日曜日に父親が一緒のときは、父親の膝の上に座り、食べさせてもらうのを喜んでいるとのことです。

〔幼稚園での食事の様子〕

　友達が給食の時間を楽しみにして「今日の給食何かなー」と話していても、アイカちゃんは、全く興味を示しません。給食に好きなものがあるときは、スプーンかフォークを使って少しは口にしますが、途中から残っているものを混ぜたり、隣の子にしゃべりかけたりします。担任に注意されると一度はやめますが、担任が離れるとまた続けます。

　○以上から、母親はアイカちゃんにちゃんと食べさせなければならないという強い思いがあるため、母親とアイカちゃんはそれぞれ食事時間を苦痛に感じているのではないかと思います。母親のイラショナルビリーフを変えることで、楽しく食事時間を過ごせるようになるのではないかと考えられます。

　○幼稚園で、食育の一環として行われている野菜の栽培、保育の中で行われるカレーライス作りやパン焼き、芋焼きなどに参加することで、食べ物へ関心を持つように声がけしていきます。

チェックポイント

① アイカちゃんは食事への関心が薄いのではないか。
② 母親は子どもの食事についての指導に困難さを感じているのではないか。

問題の見立てと理解

① 両親は一緒に楽しく食事をすることよりも、とにかく食べさせることに一生懸命です。「食事は全部残さず食べなければならない」という考えから「少しでも食べればよい」とリフレーミングすることや、準備された献立の中で「何から食べるか」自分で選ばせることも意欲につながると考えます。
② 食事をきちんととらなくても、おやつなど他に食べるものがあるので不自由さを感じていません。
③ 便秘が続くとトイレに行くのも苦痛になり、登園を渋ります。快食・快眠・快便の習慣の確立により、園での遊びが充実します。

■支援の具体的手立て

(1) 園の実践と母親への提案

〔野菜を育て料理をすることで、食事への関心を持つようになったことを伝える〕
担任「幼稚園で、今日カレーライスを作りしました。アイカちゃんも玉ねぎの皮をむき、人参やジャガイモを上手に切っていました。食べるときは、『これ私が切ったジャガイモよ』とお話しして、おかわりもしましたよ」
母親「本当ですか？ 今度、家でも一緒に作ってみようかしら」
〔園では、運動遊びや外遊びに誘い、お腹が空いている状態で給食を食べるようにする。また、盛り付けは少なめにして、完食できたという自信が持てるようにする〕
担任「アイカちゃん、今日はお外でいっぱい遊んでお腹すいたでしょ。給食何から食べる？」
アイカ「えーと、ごはん。それから人参」（苦手な人参を口に入れて、困った表情をしながらもモグモグして飲み込む）
担任「アイカちゃん、お母さんがお迎えに来たときに、今日人参食べましたよ。ご飯も残さないでぜーんぶ食べましたってお話ししていいかしら？」
アイカ「いいよー」（と得意顔）
担任（母親が迎えに来たときに園での様子を報告する）

(2) 傾聴とくり返しによる支持

> **母親**「とにかく私が食事の準備している間、テレビ見て待っているのですが、準備できてないうちにお腹がすくと待っていられないのよね。おやつを食べてしまうんですよ」
> **担任**「そうですか、待っていられないんですね」
> **母親**「アイカが幼稚園に行っている間に下ごしらえして、食事時間を少し早めにしてみようかしら？」
> **担任**「それは、良い考えですね」

(3) 母親へのアサーション

> **母親**「今まではアイカに食べさせなければと考えていましたので、私は後から食べるようにしていました。でも、お父さんが休みの日は一緒に食べるんですが、喜んでいつもより食欲があって、おかわりすることもあるんですよ」
> **担任**「そうですか。一緒に食べるとうれしいんですね」
> **母親**「普段も一緒に食べるようにしてみようかしら？」

(4) 排泄の習慣化への支持

> **母親**「便秘が続いているので、整腸剤を飲ませているのですが、あまり苦しそうなので、今日病院へ行って浣腸してもらいました」
> **担任**「それは大変でしたね」
> **母親**「毎朝、同じ時間に少しの間だけでも、便器に座っていることを習慣にするといいのかしら？」
> **担任**「試してみるのもいいですね」
> **母親**「それから、偏食のせいもあるのでしょうか？」
> **担任**「食事と関係があるかもしれませんね」
> 　　　「そういえば、給食に茹でたインゲンサラダが出たとき、食べていましたよ」
> **母親**「本当ですか？ 野菜を茹でる料理に挑戦してみます」
> **担任**「アイカちゃんが喜んで食べたら教えてくださいね。楽しみだわー」

（鈴木裕子）

おおむね1歳半から6歳まで

13 「食事のトラブルが多い」サエコちゃんの場合

●食事場面での困難さ

　4歳のサエコちゃんは、普段は一人でおとなしく遊んでいることが多いのですが、食事のときには落ち着きがなくなり、じっとして友達と一緒に食事をとることができません。保育者は、このままではお腹がすくだろうと思って促すのですが、なかなか食べてくれません。そのうち、食べ物で遊びだしてしまったり（遊び食い）、紙など食べ物でないものを口に入れようとするので注意すると、余計食事に集中することができなくなってしまいます。結局、ほとんど食べることができないこともよくあります。

　また、スプーンを使って食べるのが苦手でよくこぼしてしまいます。保護者の話では、家庭では食事を嫌がることは少ないけれども、きれいに食べるように再三注意してもなかなか改善されないということです。きれいに食べることができずに汚れてしまうことも、サエコちゃんが食事を嫌がる原因になっているようです。

■事例のポイント

　遊びながら食べているので、食事に集中できていないと保育者は考えているようですが、この事例ではむしろ反対に食事に集中できないので、遊ぶような行動を見せてしまうと考えることができます。それでは、サエコちゃんが食事に集中できないのにはどのような原因があるのでしょうか。落ち着いて食事をとることができないのはしつけが原因だと考えられがちですが、普段から一人で遊ぶことが多いこと、食事のときに落ち着きがなくなっていることから、社会性の発達に問題があると考えられ、友達と一緒に食事をとるのが難しいようです。また、食べ物でないものを食べようとしていることから、哺育障害（子どもの摂食障害）の可能性が考えられます。

　また、スプーンをうまく使うことができずにこぼしてしまっていることで、食事の中で不快な思いをしていることが考えられます。さらには、家庭でも食事をとるように厳しいしつけがなされていたり、保育者も叱責しがちであったりと、食事の場面で大人がしかる場面が多いことも、食事が楽しくなくなる要因の一つであると考えられます。

■支援のヒント

　発達障害を持つ子どもには独特のこだわりや感覚があり、食事の場面のトラブルにつながることがしばしばあります。まず、対人関係のこだわりが挙げられます。すなわち、社会性の発達に遅れが見られると、他の子どもと一緒に食事をとることが苦手になる場合があります。特に入園したての頃は、緊張も高く、また今まで家庭で母親と一緒に食事をとっていた場面が変わることで、食事に抵抗を感じてしまう子どもがいます。また、発達障害を持つ子どもには、空腹の感覚が鈍く、食べることに対する欲求が乏しい場合もあります。

　さらに、発達障害を持つ子どもの中にはスプーンや箸を使って食事をとることが苦手な子どもがいます。特に、発達性協調運動障害の特徴を示す子どもは手先が不器用だったり、目と手を協調させた運動が苦手だったりするために、食べ物をよくこぼしてしまうことがあります。それによって汚れる不快な経験や大人からの叱責が、子どもの食事への抵抗感を強めてしまう場合があります。

　このような状況を大人が十分理解せず、無理に食べさせようとしたり、食べないことを叱責することで、余計に食事に対する抵抗感が増す場合もあります。子どもは食べることに対してとても困難さを感じているのに、それに加えて大人がしかるのは、子どもにとって大きなストレスになります。このことは、保育現場だけでなく、家庭における保護者の態度についてもあてはまります。つまり、子どもがなかなか食事をとらないことに不安を覚えた保護者が無理やり食べさせようとすることで、子どもにとって食事は苦痛なものになってしまいます。

　以上のような、食事場面での困難さをふまえると、支援の方向性・目標としては、①みんなと一緒にと考えすぎず、まずは「食べる」ことを優先する、②楽しい雰囲気をつくる、③家庭との連携も視野に長期的に考える、等を考えることができます。

チェックポイント

① 友達と一緒に食事をとることへの抵抗はないか。
② 食べ物への独特なこだわりや偏食、また拒食や異食などの有無に注目する。
③ 食器（スプーン、フォーク、箸など）の扱い方に困難さはないか。

哺育障害について

　乳幼児期において、特別な身体的な障害や食機能の遅れ（咀嚼や嚥下の困難など）がないのに、1か月以上にわたって発育に必要な哺乳や食事をとることができず、その結果体重が増えないか、減少してしまう状態を哺育障害と呼びます。主な症状としては、食事をとることができないこと（拒食）以外にも、砂や石、紙など、食物ではない非栄養物を食べようとする異食症、一度飲み込んだものを口に逆流させることをくり返す反芻性障害などが挙げられます。

　哺育障害の原因としては、食べることに対する困難さや、それに対する大人の態度（しつけなどにより無理に食べさせようとすること）による精神的なストレスが考えられます。前者については、特に発達障害を持つ子どもの場合には特有のこだわりや食感の過敏さ、空腹感の鈍さなどによって食事に対する抵抗感が強いことが要因に挙げられます。このため、無理に食べさせようとせず、食事に対する抵抗感を減らすことで哺育障害の傾向は減少すると考えられます。

■支援の具体的手立て

(1) まずは「食べる」こと。無理に「みんなと一緒に」と考えすぎない

　多くの子どもは友達と一緒に食事をとることを好みますので、保育者もつい「みんなと一緒に食事をとることは楽しいことだ」と考え、みんなと同じ場所で一緒に食事をとることを目指してしまいがちです。

　しかしながら、食事で最も大事なことは、食べることですので、どのような形であれ、まずは「食べる」ことを主眼に置いてみましょう。

　サエコちゃんのように友達と一緒に食事をすることに抵抗がある子どもの場合は、無理にみんなと一緒に食べさせようとすることは逆効果です。そのような場合は、次のような対応が考えられます。

> ○はじめはみんなとは別の、落ち着くことができる部屋で保育者が一緒に食べる。そのなかで、保育者と一対一でゆっくりと食事をとる経験をし、食事に対する抵抗感が少なくなってきた後に、徐々にみんなと一緒の場所で食事をとる経験を増やしていく。

　ただし、みんなと一緒の場所で食事ができるようになった場合でも、食事のペースの個人差に配慮し、みんなと同じ時間で食べさせようとして急かすことがないように気をつける必要があります。

(2) 楽しい雰囲気をつくる

> ○まずは少しでも食べることができることを目標として、それができたときにはほめ、楽しい雰囲気の中で、少しずつ食べられるものや落ち着いて食べることのできる時間を増やしていくことに心がける。

　食事に集中できないことや食べられないことをしかったり、食べることを強要したりすることで、子どもは食事を楽しいものだと思えなくなってしまいます。また、しかることで保育者がイライラしてしまうことも、食事の雰囲気を楽しくないものにしてしまいます。反対に、食事が楽しい時間であることを子どもが理解することで、食事における落ち着きのなさや困った行動も減少していきます。そのためにも、楽しく食事をとることができる雰囲気をつくることが必要になります。

　子どもに無理強いをしないためにも、子どもがどのような食べ物に対して苦手さや偏食を持っているか、その特徴をつかんでおくことが大切です。

　また、発達障害のある子どもの場合、手先の不器用さからこぼしてしまう場合もありますが、強くはとがめず、できるだけ清潔に保てるように保育者が援助しながら食事を進めることができるように配慮することが必要です。

(3) 家庭との連携、長期的な視点を持つ

　家庭においても食事におけるこだわりが強い場合は、保護者にとってストレスですし、保護者の叱責などの態度が子どもの食事への抵抗感を強めている場合もあります。このため、家庭との連携も視野に、長期的な視点に立った援助を考える必要があります。先に述べたように、まずは食べることを第一に考え、楽しい雰囲気をつくることを保護者とも共有することが有効であると思われます。

(田爪宏二)

おおむね1歳半から6歳まで

14 「手足の動きがぎこちなく、運動が苦手」なケンイチくんの場合

●身体発達の遅れ

　5歳のケンイチくんは、体の動きがぎこちなく、不器用な印象のある子です。特に、体を使った遊びや運動が苦手で、例えば、ボールをうまく投げたり、受けたりすることや、縄跳びでうまく跳ぶことができません。保育者は、上手にできるようになってほしいという思いから、くり返し一緒にボールや縄跳びの練習をするのですが、なかなか上達しません。周りの友達が上達していく中で、一人だけついていけていないようです。また最近では、できないことが恥ずかしいのか、友達との運動遊びに参加しようとしません。保育者は一緒にやろう、と誘うのですが、なかなか乗り気になりません。このままでは、運動が苦手になるばかりか、友達と遊ぶことができなくなってしまうのではないかと心配です。

■事例のポイント

　体を使った遊びや運動が苦手であることが挙げられていますが、協調的な動作を含む運動や、手足を使った細かい運動が苦手な子どもの中には、単に経験不足や体力の弱さだけではなく、発達性協調運動障害という発達障害が認められる場合があります。
　事例にあるボール遊びや縄跳びをはじめ多くの運動遊びは、いくつかの動作の組み合わせから成り立っています。例えば、ボールを受け取るという動作は、私たちには一つの活動に捉えられがちです。しかしながら、そこにはボールを目で追い、必要に応じて体を移動させ、タイミングよく手を出して、うまく捕まえるなど、いくつかの動作が含まれています。また、それら動作をうまく一つにまとめること（協調運動）が重要になります。縄跳びに求められる、手で縄を回す、タイミングよくまっすぐ跳ぶという活動も、非常に高度な協調運動であると言えます。協調運動においては、身体能力だけではなく、自分の体の動きをイメージするなどの認知的な能力も必要になりますが、発達障害を持つ子どもはこのようなイメージする力に弱さが見られます。
　また、ケンイチくんは運動遊びで失敗経験を重ねることで、体を動かすことに対して苦手意識が生じ、運動を避けるようになっているようです。このような状態を放っておくと、運動経験が不足してしまい、より運動が苦手になってしまいます。また、失敗や友達

第3章　事例で考える　保育者のためのカウンセリング・テクニック　おおむね1歳半〜6歳

についていけないことで、恥ずかしいという感情が起こり、これが改善されないことで自尊感情や自己肯定感が低下します。さらに、運動遊びを通して友達と一緒に活動することは社会性の育ちにもつながりますが、そのような経験も不足してしまうことになります。

　保育者は、運動がうまくなるようにと練習を行っているようですが、間違ったやり方で無理に練習をしてしまうと、かえっていくらやっても無駄だという気持ちが高まってしまいます。このような傾向は、自分の無力さを学習してしまうことから、学習性無力感とも呼ばれます。

■ 支援のヒント

　この事例から読み取れることとして、まずケンイチくんは身体の動きにぎこちなさがあり、特に協調的な動作を含む運動に苦手さがあるようです。また、そのことによって運動に対する自信を失ってしまっています。このような子どもの状況を踏まえると、支援の方向性・目標としては、①保育者と一緒に全身を使った運動を行い、体を動かすことの楽しさを経験する、②スモールステップで体の動かし方を学習する、③周りの友達への支援も視野に入れる、等を考えることができます。

チェックポイント

① どのような場面で運動の苦手さ、不器用さが見られるか。
② 全身の動き（粗大運動）や手先の細かい動き（微細運動）に不器用さは見られるか。
③ 友達の反応にも注意を向ける（運動が苦手なことをからかったりしていないか）。

運動発達の方向性

　運動能力の発達には方向性があり、まず全身の大まかな動き（粗大運動）が十分に発達した後に、指先など細かな部分の動き（微細運動）へと発達していきます。このことを踏まえると、運動が苦手な子どもに対してははじめから特定の細かい部分の訓練をしても十分効果を得られないばかりか、子どもに苦手意識を持たせてしまうことになってしまいます。むしろ、はじめには走る、跳ぶといった全身を使ったダイナミックな活動を経験するほうが有効であると言えます。全身運動によって、身体機能や身体感覚の発達が促されます。さらには、運動することが楽しいと感じることが、子どもの運動に対する動機づけを高めることにもつながります。

発達性協調運動障害とは

手足の動きがぎこちない、運動が苦手な子どもは、しつけや経験不足、また身体能力の個人差として捉えられ、あまり問題にされず放置されてしまう場合があります。

しかしながら、手足の動きや手先の操作のぎこちなさが多く見られる場合、「発達性協調運動障害」という発達障害の可能性があります。発達障害を持つ子どもの特徴として、想像する力の弱さ、複数のことを同時に行うことの難しさが挙げられますが、これが運動面に表れると、身体感覚の弱さ、体の動きのぎこちなさにつながるのです。

発達性協調運動障害は、運動場面の不器用さだけではなく、ボタンをとめる、紐を結ぶ、箸を握る、鉛筆を握る、といった、日常場面での不器用さにも見られます。これらは、活動の困難さだけではなく、それに伴う生活や学習の困難さにもつながり、生活経験を通して身に付けるべき様々な能力の育ちを妨げることになります。

また、失敗が多く時間もかかることから、つい保護者や保育者が手を貸しすぎたり、子どもに代わってすべてやってしまうことがありますが、できたときの成功経験や達成感を味わうことができず、子どもが自分でやろうという自発性の育ちを妨げることになります。

■支援の具体的手立て

(1) まずは粗大運動から、体を動かすことの楽しさを経験する

例えば、事例で示したボール投げや縄跳びに対して、子どもは「できなければ（やらなければ）いけない」「ほかの子にはできているのに、自分はできない」という気持ちを持っています。このように、成功に対する気持ちが強く、それができないことで無力さや自己への否定的な感情を感じている子どもに対しては、次のような支援が考えられます。

> ○成功することを目指すよりも前に、運動が「楽しい」ことを経験させる必要があるので、簡単な運動で、全身を使ったダイナミックな動き（粗大運動）を含むものを十分経験させる。

それによって、体の一つひとつの動きが学習され、ぎこちなさが徐々に減っていきます。反対に、細かい動きが多いものや、体の一部だけを集中的に鍛えることは逆効果になることもあります。

また、保育者と一緒に活動することで、楽しさを共有することも重要です。

なお、ぎこちなさや不器用さが顕著である場合は、作業療法士など、専門の機関への相談、連携も視野に入れる必要があります。

(2) スモールステップで運動を考える

○例えば、ボールを受け止める運動では、初めから最終的な目標に向かうのではなく、ボールに触る、転がしてみる、転がったボールを受け止める、といった一つひとつの活動を順を踏んで行っていく（スモールステップ）。

協調的な運動を行うことが難しい子どもでも、一つひとつの運動を経験することで、体を動かすことのイメージが身に付いてきます。簡単な運動であっても、それができたことを保育者がほめて認め、子どもに自信をつけさせるような言葉がけを心がけるようにしましょう。

(3) 周りの友達への支援

○保育者が一緒について運動の苦手な面を援助しながら、他の友達と一緒に活動する経験を増やしていく。

運動が苦手な子どもは、友達との遊びの輪に入ることができなかったり、苦手意識や失敗経験から遊びに入ることを拒むこともあります。また、運動面での失敗や、体の動きのぎこちなさは、しばしば周りの友達のからかいの対象になります。このような周りの反応が子どもの苦手意識を高め、自己肯定感を低下させることにつながります。

保育者は、運動の苦手な子どものことを伝え、からかったりせず優しく接することを伝えるなど、周りの子どもたちに対する支援も視野に入れておく必要があります。

(田爪宏二)

参考事例 Check it out! 本書姉妹書『～保護者支援、先生のチームワーク編』p.68

おおむね1歳半から6歳まで

15 「攻撃的な行動（友達を噛む、ひっかく）」が気になるチアキちゃんの場合

●社会性の課題

　4歳のチアキちゃんは、遊びを邪魔されたり、意見や気持ちが伝わらないときに、カッとなって友達を噛んだり、ひっかいたりしてしまいます。この前も、大好きな積み木で家を造っていたとき、同じクラスのオサムくんが「これ貸して」と積み木の一つを持っていこうとすると、チアキちゃんは怒ってオサムくんをひっかいてしまいました。また、近くを通ったユウコちゃんが偶然ぶつかったときも、怒って噛みついてしまいました。悪気のない友達の行動に対してとても乱暴な行動をするチアキちゃんが心配です。攻撃的な行動をするたびに、保育者はいつも「やめなさい！」ときつく注意するのですが、一向におさまりません。

■事例のポイント

　この事例では、友達を噛んだり、ひっかいたりという攻撃的（暴力的）な行動が注目されがちですが、なぜそのような行動に至るのか、その原因に注目してみましょう。すなわち、チアキちゃんがその場面を「どのように捉えたか（認識）」と、「どのように対処したか（反応）」とに区別して考える必要があります。

　まず、場面を「どのように捉えたか」という点に関して、悪気がないという友達の気持ちを理解することができず、自分の遊んでいた状況が乱されることで相手からの悪意のある行動と認識した、もしくは、予想しない出来事に出会うことで興奮したことが考えられます。

　次に「どのように対処したか」という点に関しては、友達に意地悪をされた（と感じた）としても、いやであることを言葉で表現したり、保育者に助けを求めたり、といった、攻撃を用いない問題の解決方法を身に付けていく必要があるでしょう。

　さらに、子どもの行動に対する保育者の対応にも注目してみましょう。自分では悪いこととはわかっているのにしてしまったことで、子ども自身が困っているのです。そんなときに注意されることで、保育者の注意する声に興奮することはもちろん、保育者から理解されなかった、否定されたという感情が起こり、一層攻撃的な行動を増長してしまうことがあります。

第3章　事例で考える　保育者のためのカウンセリング・テクニック　おおむね1歳半～6歳

■支援のヒント

　この事例から読み取れることとして、まず、チアキちゃんは社会性、特に状況や相手の意図を理解することが苦手であると思われます。すなわち、状況や意図に対する認知に不足や歪み（相手に悪意を感じやすい）が生じていると考えることができます。

　さらに、反応としての対処の方略にも不足や歪み（いろいろな反応の中からいつも攻撃的な反応を選択してしまう）があると言えるでしょう。

　このような子どもの状況を踏まえると、支援の方向性・目標としては、①子ども自身の気持ちを代弁し、気づかせる、②相手の気持ちに気づかせる、③攻撃的でない表現の方法（言葉で気持ちを伝える、保育者を呼ぶなど）を学習する、等を考えることができます。

チェックポイント

① どのような状況で興奮しやすいのか、攻撃的な行動が起こるのかを見極める。
② 相手の気持ちを理解する力に注目する。
③ 気持ちを言葉で表現する力に注目する。

社会性の課題と攻撃行動

　この事例では、遊びを邪魔されたり、意見や気持ちが伝わらないときに攻撃的な行動が見られています。つまり、いつでも攻撃的であるわけではなく、自分の思いどおりにならないときに、カッとなって攻撃的な行動を示してしまうようです。発達障害の傾向を持つ子どもには、衝動的な感情を抑制することが難しい場合があります。このような子どもは普段であれば攻撃的な行動が悪いことは理解できるのですが、自分の思いどおりにならないときには興奮し、とっさに強い反応をとってしまうことがあります。さらに、そのような行動をとってしまったことを後で悔やむのですが、どうしてよいのかわからず困っていることもあります。

■支援の具体的手立て

(1) まずは、落ち着かせること

　攻撃的な行動の改善の前に、攻撃的な行動が見られた場合の対応の方法について考えてみましょう。まずは、興奮している子どもを落ち着かせることが必要です。興奮したまま保育者が言葉がけをしても子どもには伝わらないばかりか、よけいに子どもの興奮を強め

てしまうこともあります。また、攻撃的な行動を見てしまうと、どうしても保育者自身が驚いて感情的な表現をしてしまいそうになりますが、子どもを落ち着かせるためには、次のような対応が考えられます。

> ○落ち着いた、平坦な口調で子どもに接する。
> ○言葉と共に目をしっかり見る、手を握るなどの身体的コミュニケーションも有効。
> ○興奮が収まらない場合には、その場から子どもを引き離し、静かな場所で気持ちを落ち着かせる（クールダウン）。

　また、周りの子どもを落ち着かせるための対応も必要です。直接被害を受けた友達や、その周りで動揺している子どもたちに対しても「大丈夫だよ」など落ち着いた言葉がけを行うことが有効です。また、ひっかかれたりすることで怪我をしてしまった場合には、落ち着かせるとともに適切な手当てを行う必要があります。

(2) 子ども自身の気持ちを代弁し、気づかせる

　攻撃的な行動の改善のための具体的な言葉がけとして、まず、子ども自身の気持ちを代弁することが挙げられます。

> 保育者「チアキちゃんはオサムくんにおもちゃをとられて、悔しかったんだよね」
> 保育者「ユウコちゃんが急にぶつかってきて、びっくりしちゃったんだよね」

　カッとなってしまったときには子どもは自分の気持ちに気づくことが難しいのですが、保育者が子どもの気持ちを代弁することで、子どもは自分自身の気持ちを理解し、子どもなりに整理することができます。

　さらに、自分の気持ちを保育者に理解してもらえたと思うことで、保育者への信頼感が増し、また自己への肯定感も生まれます。

(3) 相手の気持ちに気づく

　次に、次のような言葉がけによって相手の気持ちに気づかせることも大切です。

> 保育者「オサムくんは意地悪をしたんじゃなくって、積み木をちょっと貸して、って言いたかったんだよ」

　幼児期には元々自分と立場の異なる相手の気持ちを理解することが難しいという特徴（自己中心性）があります。特に社会的な能力に難しさのある子どもは、友達の悪意のない行動も正しく捉えることができず、否定的に捉えてしまう傾向があります。そこで、保育者が友達の気持ちを伝えることで、友達に悪意がないことの理解を促すようにする必要が

あります。

(4) 言葉で気持ちを表現する方法の学習

さらに、攻撃的な行動を少なくするためには、それ以外の方法で気持ちを伝える方法を学習する必要があります。具体的には、次のように言葉で表現する方法や、それが難しい場合には保育者を呼ぶなどの方法が考えられます。

> **保育者**「チアキちゃんはとても優しい子だから、本当はいやなことがあっても叩いたりはしないよね。積み木を使いたいときは『私も使いたい』ってお友達に言おうね」

攻撃的な行動をとがめる場合でも「罪を憎んで人を憎まず」という原則を通しましょう。つまり、「乱暴なことをするチアキちゃんは悪い子」と言うと、子どもは自分自身が否定されたと感じてしまいます。そこで、「本当はとても優しい子」であることを認め、攻撃的な行動をとがめつつも、単に「ダメ」というのではなくて、具体的に言葉で伝える方法を教えて促します。そうすることで、本人を否定せずに、攻撃的な行動を他の方法に変えて表現することを伝えることができるようになります。

また、そのような行動がうまくできたときには、しっかりほめることも大切です。その際には、うまくできたことだけではなく、それができた子ども自身をほめることを心がけましょう。特に、対人関係でトラブルを起こす子どもたちは他の子どもに比べて叱責される経験が多く、ほめられたり、認められたりする経験が非常に少ない傾向にあります。ほめることを通して正しい行動が強化されるだけでなく、自尊心や自己肯定感が育つことで、自然に攻撃的な行動が少なくなることが期待できます。

（田爪宏二）

参考事例 Check it out! 本書姉妹書『～保護者支援、先生のチームワーク編』p.98

先生がつい見落としてしまいがちな、おとなしい子どもたち

Column

　私は、子どもの心や育ちの相談専門機関に勤務する心理士です。心理士として子どもと保護者と関わっていると、毎日子どもの様子を見ている保育所や幼稚園、こども園の先生方の目というのは、本当に重要なものだと感じます。本当によく子どものことを見てくれている、と感心することがほとんどなのですが、そういった中でも保育所や幼稚園、こども園の先生方が集団の中で見落としてしまいがちな問題を持つ子どもたちがいるということも感じています。
　保育所や幼稚園、こども園の先生方はどういった子たちを見落としがちなのか、またそういった子どもたちを見落とさないためのポイントをご紹介したいと思います。

受け身的でおとなしい子

　保育現場に限らず、複数の子どもを相手にする現場では、どうしても「ねぇ先生！聞いて聞いて」と積極的に保育者に話しかけてくる子や、お友達を蹴るなどのトラブルを起こす子、手のかかる子に目がいきがちなのではないかと思います。また、明らかにいつも一人でいてなかなかお友達と遊べない子についても、比較的目は届きやすいかもしれません。
　しかし、人に迷惑をかけたりトラブルを起こしたりしない、「受け身的でおとなしい子」には、なかなか目が届きにくいところがあるのではないでしょうか。

おとなしい子に潜んでいる発達の問題

　受け身的でおとなしい子の中には一定数、診断がつくほどではないけれども発達的な偏りのある子たちがいると感じています。そして、そういった子たちは、不登園、不登校やからだの症状などの問題を抱えるリスクが高いように思います。
　子どもの問題で相談にみえた保護者から話をうかがうと、多くの方が、「就学前に何か問題を指摘されたことはなかった」「保育所や幼稚園では良い子と言われていた」と言います。しかし、よくよく話をうかがうと、自分から人と関わることに苦手さのある子たちが多いのです。「友達に誘われて一緒に遊んでいた」「友達が声をかけてくれて○○していた」というエピソードをよく耳にします。もちろん子ども同士で声をかけ合って活動することは素晴らしいことで、クラス経営としてはとてもうまくいっていると思います。
　しかし一方で、声をかけてくれる友達がいないときには、途端に輪の中に入れず居場所を失ってしまいます。そういった子がふとしたきっかけで登園・登校できなくなってしまうケースがあ

るように思います。そういった子たちを見落とさないための日常できるチェックポイントの一例をあげてみます。

- □ クラスの誰かがお休みをしたとき、輪に入れなくなってしまう子はいませんか？
- □ 先生に何か伝えたいことがある際、いつもお友達に手伝ってもらっている子はいませんか？（「先生、Ａちゃんがもうお絵描き終わったんだって」）
- □ 質問には答えられるけれど、自然な会話の広がりがない子はいませんか？（「明日は遠足だね」〈うん〉「楽しみ？」〈うん〉「何するのが楽しみ？」〈うーん……〉）

もちろん、これはあくまでも一例で、一つ当てはまるからと言ってそれだけで心配することはありません。しかし注意深く、その子が自分から誰かと関わる力（「ねぇねぇ、Ｂちゃん、今度は滑り台で遊ぼうよ！」）を持っているかどうかを見てみてください。そして少し手が必要なときには、ぜひこうしたらいいよ、というモデル（「Ａちゃん、Ｂちゃんに滑り台で遊ぼうって言ってみたら？」）を見せてあげてください。

自分からコミュニケーションをとることに苦手さを抱えている子たちは、人と関わることが嫌なのではなく、どう関わったらよいのかがわからないのです。人と関わる力は、やはり実際に誰かと関わり、それを経験していく中で培われるものだと思います。幼い頃に、その力をどれだけ育めるかというのは、その後の子どもたちの人生にとってとても大事なことです。

絵は、子どもの心の状態のサイン

子どもたちの心の状態は、様々な要因によって日々影響を受け、変わっていきます。それはお友達関係のことかもしれませんし、家庭内の出来事からくることかもしれません。いろいろな理由で子どもたちの心身に負担がかかったとき、それを暴れる、落ち込む、泣くなどの行動で訴える子どももいます。また、直接保育者に「昨日お父さんとお母さんがすごいけんかしてた。こわかった」等と訴えてくる子もいます。

しかし、前述したような発達的な偏りがある子も、ない子も、おとなしい子たちはどうしても他者への発信が弱いところがあります。そういった子たちの心の状態やその変化に気づくのは、なかなか至難の業です。

そんなとき、子どもたちの状態を理解する手立てとして、園の活動で描いた絵を見てみるのもよい方法だと思います。特に絵が描かれた順番に並べて見てみると、その子の変化も読みとることができます。一人でいることが多い子でも、絵にはお友達がいっぱい描かれていたりすることもあるかもしれません。実際にはお友達を求めているサインと受け取ることもできるでしょう。

ぜひ想像をふくらませながら、子どもを理解するヒントとしてみてはいかがでしょうか。

（田中睦美）

おおむね1歳半から6歳まで

16 「まばたき」が気になるリクヤくんの場合

●チック／神経性習癖

　4歳児クラスのリクヤくんは4月から入園しました。入園当時、言葉は単語が数個出る程度、意思表示は首を縦か横に振るかで示していました。保育者は関わっていくうちに、リクヤくんは自分がどうしていいのかわからないとき、不安なとき、友達と遊んでいて自分の思いどおりにならないときに無表情でまばたきをくり返すことがわかってきました。遊びに夢中のときにはリクヤくんのまばたきは表れません。そんな状態が2週間続いた4月下旬、保護者は「リクヤは何を考えているのかわからない。チックがあるから心療内科を受診しようかしら」とリクヤくんのまばたきを気にされています。

■事例のポイント

　リクヤくんの特徴的に気になるところは、まばたきです。けれど他にも気になるところがあります。ここで気になる他のところを挙げてみます。

　まず言葉です。単語が数個出る程度でしたので、リクヤくんは自分の思いを伝えることが難しいと思われます。保育者はリクヤくんの思いに「あ、リクヤくんは今はまだ遊びたいんだね」と共感したり、言葉にして伝えたりの援助が必要でした。

　次に表情です。泣いたり、怖がったり、喜んだりといった表情はリクヤくんにあまり見られませんでした。入園当初の4歳児は新しい園という環境に不安や興味を感じ、泣いたり、面白がったりと様々な表情を見せます。それらの表情を保育者は受け止めて、少しずつ信頼関係を築きながら、子どもは園に慣れていきます。けれどリクヤくんの感情表現は乏しく、保育者を頼るような様子もありません。リクヤくんが何を感じているのかは、首の動きを含む身体の動きや向きやしぐさから推察するしかありません。

　最後に保護者との関係です。人を理解するときに言葉や表情は重要なものですが、リクヤくんにその表現が大変乏しいために保護者はリクヤくんとのコミュニケーションがどうやらうまくいっていないようです。

■支援のヒント

　リクヤくんが何に今、困っているのかについて考えてみましょう。まず時期の問題です。園に新入園した４月の子どもたちに共通して言えることですが、どの子どもも環境の激変という変化を受けます。子どもによってその程度は様々ですが、園は好奇心を掻き立てられる場所であると同時に、保護者から離れて自分一人で通わなければならない最初は不安を覚える場所でもあります。リクヤくんが環境の変化を受けて、そのような症状を出しているのかもしれません。リクヤくんの好奇心からの興奮や不安な気持ちをまずは受け止めていくことが求められるでしょう。

　次にリクヤくんが困っていることは何でしょう。リクヤくん自身が自分のまばたきに困っている様子はありません。けれど自分の思いを伝える言葉についてはどうでしょう。もしリクヤくんが「ねえ、あそぼう」という言葉を言えたのなら、周りの子どもたちもリクヤくんの思いがわかりやすいことでしょう。「（おもちゃ）かして」が言えたなら、周りの子どもたちも返事のしようがあります。言葉は自分の思いを相手に伝える意味があります。本人が言えるようにさりげなく促しながら、保育者がリクヤくんの思いを相手に代弁して伝える役目を引き受けていくことが求められます。

　最後に保護者が困っていることは何でしょう。心療内科を受診しようと思うほどに保護者はリクヤくんのまばたきを一番気にされています。まずは保護者が一番気にされているまばたきの症状について、園ではどのような状態なのかを把握しておきましょう。その症状は園ではいつから、どのくらいの期間で、どのような場面で、どのような頻度で、またまばたきをしないときはどのような場面なのか等について把握して、保護者に説明できるようにしておくことは大事なことです。

　実は保護者が気にされているのは、リクヤくんのまばたきだけではありません。そのことも含めて、日頃よりリクヤくんがわからない、わかってあげられない様子があります。

チェックポイント

① 環境の変化による影響は大丈夫か。
② 症状の程度や状態を説明できるか。
③ 家庭や保護者との関係は良好か。

「チック」の問題とは？

「チックは、心の中で過度な緊張や不安・葛藤などが続くことによって無意識のうちに、外部にはけ口を見いだして起こる症状とみてよいでしょう。チックは心理的な原因で起こることが多く、何らかの心理的なショックや動揺を強く受けたりするとチックになることがあります。また、チックは親子間の緊張状態が背景にある場合が多く、安定した感情の子どもには、ほとんど見られません。」

（峯岩男ほか『困ったときに役に立つ保護者との対応事例100』世界文化社、1999）

■支援の具体的手立て

(1) まばたきだけに注目せず、子どもの言葉にならない思いに共感しよう

リクヤくんは困ったら泣き出したり、不安だったらさみしそうな表情をしていいのです。けれどそれができずに、無表情になります。そしてまばたきをします。これはまばたきがリクヤくんの言葉にならない思いの表れなのです。まばたきに表れた思いにまずは共感しましょう。これは、リクヤくんが言葉で言えても、言えなくてもです。

> リクヤ「ユウぶった」（最初に遊びに入りたくてユウくんを押したのはリクヤくんだった）
> 保育者「そうなんだ（受容）。ユウくんがぶったんだ（くり返し）」
> リクヤ「……」
> 保育者「いやだったよね（感情の明確化）」
> リクヤ「ウン」
> 保育者「ほんとうは、いっしょにあそびたかったんだよね（本音の共感）」

力加減にもよりますが、最初にリクヤくんが押したからユウくんがぶったという因果関係や押す行為の不適切性に言及せず、信頼関係が保育者とリクヤくんの間で築けるように上記のような受容・くり返し・感情の明確化・本音の共感の流れを毎日毎回共有し合います。保育者との信頼関係という安心に包まれたとき、リクヤくんは事態の因果関係や行為の不適切性に自ら気がついていけるのではないでしょうか。

このようにして環境の激変に動揺しているリクヤくんの状態を総合的に把握していきます。不安を軽減していけるように支援していきます。まばたきをやめさせよう注意するのは厳禁です。

(2) 集中して遊べる保育内容・環境を用意しよう

リクヤくんがまばたきをせずに、いきいきと集中しているときはどのような遊びをしているときでしょうか。例外探しをしてみましょう。例えば砂場遊びが好きならば、砂場遊

びが豊かに展開できるように、ペットボトルや草花などの使える教材を用意したり、あえて砂場に山を作っておいたり、砂場遊びの可塑性を備えた環境を用意してみましょう。

(3) 過度に意識しすぎないようにしよう

リクヤくん本人はこの事例ではチックに気がついていません。しかし気がついたときでも、これは「異常なことではなく、経過とともに軽快・消失するはずであることを伝えて安心するように導きます」（日本トゥレット（チック）協会『チックをする子にはわけがある』大月書店、2003）。本人もそうですが、周りの子どもたちが話題にするようでしたら、「リクヤくんのおめめパチパチは心配ないよ」と伝えていきましょう。

(4) 保護者との共通理解と支援

リクヤくんの保護者がまばたきについて相談してきたときをチャンスとして捉えて、園での様子を伝え共通理解をしておきましょう。またその際に、チックに対する専門知識として「緊張や不安はチック症状の根本的な原因ではありませんが、増強させる要因なので、それが改善するように」（日本トゥレット（チック）協会、前掲書）、保護者と連携し合うようにしましょう。もしかしたら、日頃よりリクヤくんに対して「あれはダメ」「〇〇しなさい」など、厳しい態度で接しているのかもしれません。「保護者が『〇〇しなさい』というような支配的な態度を改めて、子どもの自主性を伸ばし、リクヤくんらしさを発揮できるような環境をつくってあげれば、リクヤくんも安定感を取り戻し、チック症状は消えていくことでしょう」（峯ほか、前掲書）。

この事例では、まばたきを含むリクヤくんの子育て全体に保護者は悩んでいる様子です。保護者自身も肩の力を抜いて、楽な気持ちで子育てを楽しめるように援助したいものです。リクヤくんなりの成長の道すじを保護者とともに考えていきましょう。　（栗原ひとみ）

おおむね1歳半から6歳まで

17 「指しゃぶり」が気になるユリカちゃんの場合

●指しゃぶり、爪噛み／神経性習癖

　3歳児クラスのユリカちゃんは4月生まれということもあり、成長が早く背が大きいです。活発で、おしゃべりも多く、よく動き遊ぶ子です。笑ったり、怒ったり、泣いたり、喜んだりと毎日感情表現が豊かです。しかし、好きな遊びが見つからないとき、友達とうまく関われないときは、じっとして指しゃぶりをしています。よく見ると吸いだこが親指にできていました。3歳児クラスの3月、保護者は一人娘のユリカちゃんに対してかわいくてたまらないながらも、「お友達とちゃんとやれていますか？　もうすぐ4歳児クラスに進級するのだから、いい加減、指しゃぶりがなくなるといいのだけれど」と少し心配されています。

■事例のポイント

　ユリカちゃんは園ではいつも指しゃぶりをしているわけではありません。たいがいは自分が先頭になって遊びのイメージを表現して、積極的に遊んでいます。ただ、自分の遊びのイメージと友達の遊びのイメージが合わなかったり、自分の思いどおりにならなかったり、友達とうまく関われないとき、身体の動きが止まって指しゃぶりをしながら様子を見ていることがあります。高ぶった感情が指しゃぶりをすることで落ち着くこともあります。
　吸いだこの大きさを見ると、家庭では頻繁に指しゃぶりをしていると思われます。保護者は進級を機会に、ユリカちゃんの指しゃぶりがなくなることを望んでいらっしゃるようです。4月生まれで背も大きく、活発なユリカちゃんはお口も達者なので、保護者はもう一人前の大人のように見ているような様子があります。また、ユリカちゃんの自己主張が強すぎることを心配されていました。

■支援のヒント

　ユリカちゃんが園で指しゃぶりをするときは、好きな遊びが見つからないとき、友達とうまく関われないときなどです。家庭では子どもがユリカちゃんだけということもあって、ユリカちゃんの主張は通ることが多いことでしょう。けれど園には同じように主張し

合う他の子どもたちがいます。3歳児はまさに自分の他にも、主張し合う他児の存在に、体験を通して出会っていきます。ユリカちゃんは、家庭とは異なる他児の存在に、興奮したり、戸惑ったりしながら関わり方を学んでいる真っ最中なのでしょう。

　遊びのイメージが合わないときは、保育者が双方のイメージや思いを明確化し、投げ返してともに楽しく遊ぶためにはどうしたらいいのか、一緒に考え合うことが大切です。ユリカちゃんはまだ、他児と折り合いをつけたり、譲ったりといった経験が少ないのかもしれません。どこに着地するかわからない他児との丁寧なやりとり（対話）を歩むことが怖くて、指しゃぶりに逃げ込んでいるのかもしれません。指しゃぶりは、ユリカちゃんが無意識のうちに獲得した、自らを落ち着かせてくれる安心の行為なのかもしれません。

　自らに安心感をもたらしてくれる行為が指しゃぶりなら、性急にやめさせなくてもいいのではないでしょうか。性急にやめさせることは、かえってユリカちゃんの安心感を奪うことになりかねません。悪化すれば指しゃぶりから爪噛み、長期化すれば歯列不正や舌の異常につながりかねません。少しずつ、保育者は指しゃぶりではない、違うユリカちゃんの安心の仕方をいっしょに考えてみましょう。

　また、保護者が一番心配されているのは、指しゃぶりではありません。「友達とちゃんとやれていますか」の言葉の背景には、家庭でのユリカちゃんの自己主張の強さから他児との関わりを心配している保護者の不安があるのかもしれません。保護者はかわいくてたまらなくて、ついつい甘くなってしまう自分の子育てに不安を抱いているのかもしれません。

チェックポイント

① 歯列不正や舌の異常・発音障害は大丈夫か。
② 指しゃぶりしながら何を感じているのか。
③ 保護者は子どもとどんな関係か。

「指しゃぶり」の問題とは？

　人間の身体の感覚で一番敏感なのは第1位が口で、第2位が指の先だと言われています（岩倉政城『指しゃぶりにはわけがある』大月書店、2001、p.20）。この感覚の集中する「二つが同時に刺激される指しゃぶりは不安を紛らわせるには最も安直な手段です」（同p.20）。重篤化すると、歯の不正咬合や舌の異常や発音障害、手をつないで人と交流する場面で支障をきたす場合があります。「固着した指しゃぶりを治す年齢は、指しゃぶりの程度にもよりますけれども、一応永久歯が生えてくる5歳児くらいからと考えられています」（同p.61）。

■支援の具体的手立て

(1) 指しゃぶりを治さないで、子どもの生活や遊び全体を総合的に考えよう

> ユリカ「……」（退屈そうに指をしゃぶっている）
> 保育者「指しゃぶりしているの？　おいしそうだね」（共感）
> ユリカ「……」（無言で保育者を見る）
> 保育者「あんまりおいしそうだから、先生にもなめさせてほしいな」（提案）
> ユリカ「いやぁ～」（にやにやしながら指をはずして逃げ出す）
> 保育者「あれ、やめちゃうの？　まてまて～つかまえちゃうぞ～」（追いかけごっこ遊び）

　ユリカちゃんが園で指しゃぶりをしているのは無意識のうちに自分で自分に刺激を与えて、自分を安心させているのかもしれません。安心できる関係や環境や時間はたっぷり提供したいものです。自分で自分を刺激して安心できるのであれば、決してやめさせる方向ではなく、たっぷり指しゃぶりすることを認めて、飽和状態にするのも有効です。このように活動の量・質・興味等が十分に満たされると、子どもたちは成長するために、次なる課題へ自ら推移し転移していきます。充足転移の法則と言います。ただ指しゃぶりの程度にもよります。

　ユリカちゃんは元来が活発で、動きながら遊ぶのが好きな様子がありました。園で時折指をしゃぶっている程度であれば、身体を使った遊び、手先を使った遊び、みんなであそぶ遊びに誘うとよいでしょう。

(2) 友達との関わりを援助しよう

> ユリカ「……」（無言で指しゃぶりしている）
> 　　　　　（ユメ・ミサキとのごっこ遊びの途中で一人離れる）
> 保育者「ユメちゃんに『あっちに行って』って言っちゃったの？」（事実の確認）
> ユリカ「だって、ユメちゃんもお母さんっていうから。お母さんは私なのに」
> 保育者「ユリカちゃんはお母さん役がやりたかったのね」（明確化）
> ユリカ「ウン」
> 保育者「そうだよね、お母さん役が二人になっちゃ困ると思ったんだよね（共感）。だから『あっち行って』って言っちゃったんだよね（受容）。そんなときはなんて言ったら良かったんだろうね」
> ユリカ「お母さんは二人でもいいってユメちゃんに言ってくる」（自己決定）
> 保育者「そうだね、それがいいね」（支持）
> ユリカ（指しゃぶりをやめて、スタスタとユメの元へ行く）

ユリカちゃんの今の課題は指しゃぶりをしないことではなく、友達との関わりです。喜怒哀楽の感情表現が豊かで、喜んだり、楽しんだりする姿は周りの子どもたちを引きつけていきます。そんなときはとても積極的なユリカちゃんです。けれど、自分の思いどおりにならないときは怒って、自己主張を無理に押し通すこともありました。

まだ3歳のユリカちゃんのこの課題は、実はユリカちゃんに限ったことではありません。そのように、3歳児は友達と楽しく遊ぶためにはどうしたらいいのかを体験的に学んでいます。その学びのためには保育者のカウンセリング技術の応用が効果的です。

(3) 保護者とユリカちゃんを共通理解していこう

保護者はユリカちゃんがかわいくてたまらない。その心情に寄り添うことは基本です。また成長の早い我が子を頼もしくも思い、だからこそ赤ちゃんのように指しゃぶりをすることが気になる、やめてほしいと願う心情に共感しましょう。ここまでユリカちゃんを大切に育ててこられた保護者に敬意を払いましょう。

同時に、5歳の永久歯が生える頃まで、園と家庭で連絡を密にしながら指しゃぶりについては継続観察していくことを伝えましょう。

甘えや葛藤を行きつ戻りつしながら自立に向かう過程では、様々なその子ならではの癖（傾向）を見せながら成長していきます。ユリカちゃんの園での具体的姿を伝えてフィードバックして理解を求めていきましょう。

(栗原ひとみ)

参考事例　Check it out!　本書姉妹書『〜保護者支援、先生のチームワーク編』p.34

おおむね1歳半から6歳まで

18 「性器いじり」が気になるカズヤくんの場合

●性器いじり／神経性習癖

　3歳児4月生まれのカズヤくんは幼稚園に入園することをとても楽しみしていた子でした。けれど入園式翌日からは泣いて登園。お母さんから離れることが難しくなり、何度目かのお別れの儀式が済んでようやく玄関を入ります。クラスに入ってからは自分の席にずっと座っています。立ち歩いたりおもちゃで遊んだりはしません。周りで泣いたり、遊んで騒いだりの子どもたちを緊張した表情で見ていました。保育者がカズヤくんの机に粘土を用意したり、個別対応をしました。5月、表情から緊張は少し取れてきました。けれど机の上の粘土よりも机の下でおちんちんを触っている日々が続きました。

■事例のポイント

　カズヤくんは入園前「ぼく、ようちえんになったからがんばるよ」と張り切っていました。期待や好奇心がありました。

　けれどいざ入園してみると、他の子どもたちが泣いていたり、騒いでいたり、家庭とはだいぶ違う様子に楽しみよりは不安を抱くようになり、表情も動きも固くなりました。子ども同士が叩く場面を見てしまったときは我慢していた涙がこぼれ、忍ぶように堪え泣きをしていました。きっと怖くなってしまったのでしょう。怖かったら大声で泣き出したり、保育者に甘えていいのに、がんばる気持ちがいっぱいのカズヤくんは泣き出せず、自分の席でじっとしています。まるで自分の席が唯一の安全地帯のようにそこから動きませんでした。

　保育者はそんなカズヤくんのために、机の上に粘土や絵本を広げて、カズヤくんが席を離れなくても遊べるようにしました。一方で、保育者はカズヤくんの隣にいてあげたくても、ちょろちょろと動き回り、まだルールもお約束もわかるはずもない他の子どもたちも気になります。保育者が隣から離れると、カズヤくんはぼんやりとした表情でおちんちんを触っています。

第3章　事例で考える　保育者のためのカウンセリング・テクニック　おおむね1歳半〜6歳

■支援のヒント

　2歳以下であればおちんちんを触る行為は自分の身体の探索あそびと捉えます。自分の身体の部位と名称が合致するためには、実際に触って確認していく体験が必要です。自分の身体はどうなっているのだろうと興味を持つことはとても大切なことです。なんといっても、身体はこれから自分が生きていく舞台なのですから。けれど、4月生まれで、すぐに4歳になろうとしているカズヤくんにとって、しかも入園したての保育室という場所でおちんちんを触る行為には、少し違う意味がありそうです。期待していた幼稚園と、現実の幼稚園の違いに戸惑い不安がいっぱいのカズヤくん。不安から席を離れることができないカズヤくんはお母さんと別れの儀式をして玄関を入ることだって、もうすでに相当がんばっているのです。そのがんばりを認めていきましょう。

　カズヤくんが不安を募らせたのは、他の子どもたちの存在です。園でのルールなど最初は子どもは誰もわかりません。当然です。好奇心全開で新規な環境に関わる子もいますし、カズヤくんのように動けないほど不安を感じて緊張してしまう子もいます。

　どの子も安心して安全に楽しく生活できる環境を整えることは保育者の必須の仕事です。クラス全体を温かい居場所にすることが求められます。居場所とは大きくは三つに分けられます。社会的居場所・心理的居場所・物理的居場所です。社会的居場所となるのが人間関係です。心理的居場所とは安心です。物理的居場所とは空間を指します。この三つの居場所が整っているか点検する必要があるでしょう。

　おちんちんを触る意味を考えてみましょう。退屈であったり、手持ちぶさたであったり、不安なときに、自ら刺激を自分に与えて、その寂しさや退屈や緊張を紛らわせていると考えることができます。その行為自体をとがめたり、やめさせるのではなく、豊かな遊びを用意して保育内容を工夫していきましょう。汚い手で触って、皮膚を傷つけたり炎症を起こさないように衛生面にも配慮が必要です。

チェックポイント

① 本人のがんばりを十分認めてあげられているか。
② 安全で安心で楽しいクラスづくりができているか。
③ 衛生面は大丈夫か。

「性器いじり」の問題とは？

性器いじりとは男児であればおちんちんを、女児であればおまたをいじったり、触ったりする、こすったりする行為です。男児には直接触ったり、ズボンの上から間接的に触ったりする姿が見られます。女児であればお昼寝時にうつ伏せ姿勢で布団でおまたをこすったり、机の角などに押し付けたりする姿が見られます。乳幼児期であれば、性器いじりの行為自体を子ども本人が意識して困ることはありません。無意識で不随意の行為で、本人の自己コントロールは難しい段階です。多くはそれを見る大人の意識の問題です。「対症療法的に対応してはなりません」（丸山美和子著、大阪保育研究所編、秋葉英則監修『どう考えるおねしょ・指すい・かみつき』のびのび子育て・保育ブックレットNo.17、フォーラム・A、1996、p.42）。

■支援の具体的手立て

(1) 子どもの行為に固執せず、遊びに導き、信頼関係を築いていこう

> **カズヤ**　「……」（無言で性器いじりをしている）
> **保育者**　「カズヤくん、いっしょに遊ぶ？」（と笑顔でそっと隣に座る）（質問）
> **カズヤ**　「やだ。何もしない」
> **保育者**　「そうか、いやなんだね（くり返し・明確化）。何もしたくないんだね（受容）」
> **カズヤ**　「うん」
> **保育者**　「カズヤくんは何もしなくていいけれど（くり返し）、先生は隣で粘土してもいい？」（と楽しい語調で尋ねる）（質問）

「カウンセリングの技法には非言語的技法と言語的技法の二つに大別することができます。言語的な技法に含まれる受容、繰り返し、明確化、支持、質問の五つはカウンセリングの技法としてよく知られています」（冨田久枝・杉原一昭編著『保育カウンセリングへの招待』北大路書房、2007、p.21）。このように不安を感じて緊張している子どもに対しては、意思をくり返し確認しながら明確化し、受容し、支持したり、質問したりしながら関わっていきます。

同時に、非言語的技法を組み込んでいきます。この事例では笑顔で、隣に座ったり、楽しい語調などが非言語的技法です。「非言語的技は他にも、表情・視線・語調・ジェスチャー・姿勢・対人距離・沈黙などがあります」（前掲書、p.21）。隣に座って、保育者が粘土遊びを始めることで、対人距離としては横並びになります。真正面ではなくて、子どもの傍らに位置づき、粘土をしているとカズヤくんは次第に興味を持ち始めることでしょう。

カズヤくんの視線が粘土を見つめ、興味を示したタイミングを捉えて、「粘土のパンや

さん、開店で～す。カズヤくん、パンづくり、手伝ってくれる？」など声をかけてみてはいかがでしょう。手を使う遊びはこのような場合に有効です。保育者と一緒に遊ぶことで、その機会を積むことで信頼関係を築いていきましょう。信頼できる保育者との遊びがカズヤくんの緊張をほぐしていくことでしょう。

(2) エクササイズを活用しクラスの子どもたちの関係をつなぎ合おう

　エクササイズとは構成的グループエンカウンターで行う実践のことです。湧きおこったこの思いを「嬉しい」というのだなどと幼児には伝えていきます。このエクササイズは席を離れないカズヤくんのために椅子に座ったクラス状態で行いました。

> **保育者**「これから友達と名前紹介ごっこをします。クラスのみんなが仲良くなるためにします。どうやってするのかお話するね。まずお向かいの友達の目を仲良ししながら（見ながら）、『わたしは〇〇と言います。よろしくね』と言います。順番に名前を言い合います。それから向かいの友達と手を握り合って、握手をします（インストラクション）。こんなふうにだよ（と言って保育者同士で見本を見せる／デモストレーション）。できるかな？　わからなかったり、やりたくなかったりする人はいますか？」
> **子どもたち**（それぞれにやり始める。保育者は言えない子に援助する）
> **保育者**「どうだった、握手できたかな？　友達の手は温かかったかな？　冷たかったかな？　振ったときはどうだった？　相手の友達に教えてあげてください」
> **子どもたち**「あくしゅあくしゅした」「ミカはハヤシミカっていうんだよ」（など、笑顔で行う）（シェアリング）
> **保育者**「握手したときにみんなはとてもいいお顔になっていたよ。それはうれしい気持ちって言うんだよ」（介入）
> **子どもたち**「うれしいきもち……」「たのしいきもち……」

　スキンシップしながら感じたことを伝え合う機会を楽しめるように援助しましょう。

（栗原ひとみ）

> おおむね1歳半から6歳まで

19 「頻尿」が気になるケンタくんの場合

●夜尿・頻尿／神経性習癖

　5歳児クラスのケンタくんは最近30分おきに何度もトイレに通います。以前はそのような様子はありませんでした。おしっこの失敗もほとんどありません。10月になり就学時健診が始まった頃から、「ぼくは一人で小学校に行くんだ」とケンタくんは話していました。その学区にはクラスでケンタくんしかいないのです。さりげなく観察すると毎回の尿量は少量です。本人も周りの子もあまり気にしている様子はありません。けれど担任の先生は、読み聞かせ等のクラスで静かにするときにケンタくんが、バタバタとトイレに行くので活動が中断されてしまい、クラスが集中できない様子をなんとかしたいと思っています。本人が主体となって意欲的に遊んでいるときはトイレには行きません。

■事例のポイント

　ケンタくんは以前は一日に何度もトイレに通うことはなかったのです。だとしたら膀胱の器質的病気や未熟で頻尿が起こっているということではなさそうです。この場合はやはり精神的なストレスが影響していることが考えられます。就学時健診が始まり、小学校への期待と不安がケンタくんにはあるのかもしれません。けれど仮に就学時健診が原因だとしても、取り除いたり、避けて通ることはできないのです。時期が来れば必ず来るものです。それらの乗り越え方を工夫していく方向で考えを進めてみましょう。

　また、この事例ではケンタくんも周りの子も気にしていません。気にしていないということは、本人たちはどうやら困っていないようです。気にして、意識化して捉えているのは誰なのでしょう。なぜ気になるのか、ではどうなってもらいたいのか、を考える必要がありそうです。

■支援のヒント

　摂食・睡眠・排泄などの生理現象は子どもが自分でコントロールすることがむずかしいところです。これらには子どもたちのそれぞれの発達のペースがあります。個人差があり

ます。これらの生理現象が少しずつ望ましい生活習慣として定着していくように乳幼児期は援助します。けして頻尿を我慢させてはいけません。制限を加えることでかえって悪化することがあります。ケンタくんには「トイレにいつでも行っていいんだよ」と伝えましょう。また、水分量が多いから頻尿になるのだとして昼間の水分を控えるのも誤りです。まずは園内でケンタくんが安心して過ごせるようにしましょう。

　また生理現象は子どもの内面と密接な関係があります。ケンタくんの場合のように、頻尿はなんらかのストレスが影響していることも多いのです。ですので、何にストレスを感じて不安感・緊張感を抱いているのかを考察することは大事なことです。そしてその緊張を解いて、安心して過ごせるように援助することが必要です。

　特に5歳児の後半は、就学に向けて、「小学校」という環境に期待と不安を感じています。保育所・幼稚園・小学校の連携も様々な形で実施されています。そのような機会を利用して、小学校に不安よりも期待が持てるように働きかけてみましょう。また小学校という今よりも先の将来について思いを馳せて意欲を抱くことも大事ですが、将来は今という時の延長上にあるのです「今、ここで」の生活を大切にし、今、充実して過ごせるような保育を考えてみましょう。ケンタくんが主体となって遊んでいるときにはトイレ通いは見られません。トイレのことなど忘れるような夢中になれる遊びに取り組むことができるように支援していきましょう。

　頻尿を気にしているのはこの事例では保育者です。保育者はなぜ気になるのでしょう。活動が中断されることで子どもたちは落ち着かないのではなく、保育内容が子どもたちの興味に合っていないということはないでしょうか。自分の思いどおりに保育が進まないといやだと感じる自分がいるのかもしれません。今一度考えてみましょう。

チェックポイント

① 緊張を解いてあげられているか。
② ストレスに感じていることがあるのか。
③ 保育者が頻尿が気になるのはなぜか。

「頻尿」の問題とは？

　頻尿はおしっこしたい気持ちからの行動です。緊張していると、まだ尿量はそんなにたまっているわけではないのにおしっこしたい気持ちになってしまうことはよくあることです。頻繁に尿意を感じるということは頻繁に、もしくはずっと緊張を感じているのかもしれません。緊張感からおしっこしたい気

持ちになり、漏らしたらいけない、恥ずかしいと、トイレに通うわけです。「そんなに何回もトイレに行かなくても大丈夫」などと大人に言われても、子どもは安心できません。排尿は大人の都合で早めたり、調節することはできません。子どもの頻尿は大部分が心因性です。出現率は幼児期は20％で高いものです。排尿トラブルの中でも頻尿は治りやすいものの中に入ります（児玉省・中村孝編著『小児の問題行動』医歯薬出版株式会社、1982）。頻尿という症状だけに注目するのではなく、子どもの生活全体から何にストレスを感じて緊張感を抱いているのか考えることが大切です。

■支援の具体的手立て

(1) 小学校への不安感よりも期待がふくらむように導こう

> ケンタ　「ぼくは一人で小学校に行くんだ……」
> 保育者　「そうなんだよね」（無条件の肯定）
> ケンタ　「○小には5人、△小には8人、□小には9人でしょ、先生」
> 保育者　「よく知っているね。ケンタくんはさくら組の友達のことをよく知っているんだね（受容）。それだけ、大好きってことかな？（明確化）」
> ケンタ　「うん」
> 保育者　「だからお別れが寂しくなっちゃうね（共感）。先生も寂しくなっちゃう（自己開示）。お願いだからケンタくん、幼稚園にずっといて」（笑顔で懇願）
> ケンタ　「そんなできないよ～。だめだよ、ぼくは小学生になるんだから。先生は幼稚園でがんばりな」（自他理解）

　ケンタくんは小学校に行く自分を意識できているのです。だからこそ未知なる小学校に緊張感を抱いているのです。でしたら、その意識をさりげなく言語化して明確化してあげましょう。ケンタくんの自己理解をユーモアで深めてあげて、不安よりも期待がふくらむといいですね。

(2) 頻尿には安心感が大切

　ケンタくんの頻尿を治そうとせずに、わかろうとしてください。そうしたうえで、ケンタくんの席をトイレに行きやすいところにしてあげる、活動の途中でトイレに行っても帰ってきたときに活動の続きがわかるように待っていてあげる、クラス全体に対しても「いつでもトイレに行っていいんだよ」と伝えるなどして、安心して園で過ごせるように配慮をしましょう。そのことは担任一人ではなくて、職員全員で共通理解していくように働きかけていきましょう。

(3) 担任の先生の意識をリフレーミングしよう

　はたしてほんとうにケンタくんのトイレ通いでクラスが集中できないのでしょうか。ま

ずカリキュラムの視点から考えてみましょう。そのときのクラスで展開中の保育内容はクラスの子どもたちの興味を捉えたものでしょうか。テーマや教材は適切でしょうか。次に担任の先生の個人としての保育観を点検してみましょう。みな一斉に集中する状態が育ち合える状態だと思い込んでいませんか。一斉保育中に一人の子どもが勝手に部屋を出入りすることは安全管理上、問題だという考えが優先されていませんか。クラスの子どもの気になる症状は担任として責任を持って対処すべきだと、責任感を強く持つ傾向はありませんか。

　これらはイラショナルビリーフといって不合理な思い込みです。まっすぐになんの問題もなく育つ子はどこにもいません。このような機会を通して、担任の先生自身が不安や緊張を感じたとき、自分はどのようにしてきたかを振り返り、保育を振り返ってみましょう。気になるということは、そこに先生自身のなんらかのこだわりがあるからなのかもしれません。ビリーフを修正してラショナルビリーフ（論理的・合理的な思考）で、リフレーミングしてみましょう。

　「子どもがいろいろなストレスを受けてそれにうまく対応できない場合、「行動化」（行動がおかしくなる）、「身体化」（身体がおかしくなる）、「習癖化」（変な習癖が出る）、といった不適応状態を示すことがあります」（参考：野島一彦「子どもの問題行動にどう対応するか」『教育と医学』2012年5月、No.707、慶應義塾大学出版会、p.2）。ストレスを受けて、それにうまく対応できない要因としては主に「自己」「家庭」「園・学校」がからんでいます。この三つの領域から総合的に捉えていきましょう。

（栗原ひとみ）

おおむね1歳半から6歳まで

20 「文字や学習に全く関心がない」リュウくんの場合

●知的発達の遅れ／LD傾向

　5歳児クラスのリュウくんはいつも恐竜のことで頭がいっぱいです。保育中も、前足出して後ろ足出して「ガオー」と言いながら歩き回ります。席に座っていることは苦手です。製作あそびで海の生き物を作るときも、リュウくんは一人だけ恐竜です。リュウくんがたえず別の行動をとっているので、担任はいつも気になり、クラス運営で悩んでいます。10月になり、就学時健診に向けて自分の名前をひらがなで書いてみようとクラスでやってみましたが、もちろん書けません。教えてあげると、退屈そうにしていて、そのうち困った、悲しい表情をします。けれど、恐竜の図鑑はよく見て、長い恐竜名をスラスラと言います。保護者も心配されていますが、診断名はついていません。

■事例のポイント

　リュウくんは恐竜が大好きなのです。自分のことを恐竜だと思い込んで遊びます。このように、何かになりきって遊ぶことが大好きな子どもは他にもたくさんいますが、リュウくんの場合は現実の世界になかなか戻ることができないことが気になります。現実の生活に気がつくことができないので個別な対応が必要でした。

　例えば給食になっても恐竜になりきって闊歩しているため、「リュウくん、給食だからしたくしようね」と声をかけなくては場面が変わったことがわかりません。班活動のときには他の子どもたちがリュウくんが協力的でないことに困っています。生活の中で、何か新しいことに興味を抱いたり、不思議に感じたり、やってみたいと意欲を持ったり、友達に関心を抱いたりはあまりしません。

　個別に丁寧に対応すれば、保育者の言うことを理解しようとし、わからないときは「わかんないよ、おしえてよ」と言うことができます。図鑑なら見ることができます。恐竜の知識は豊かで、誰もかないません。このまま恐竜の世界にだけとどまって、周囲との関わりや学ぶ意欲が持てなくていいのか心配です。

■支援のヒント

　文字が書けたり、読めたりは小学校以降に求められる学習課題ではありますが、乳幼児期は、文字を書いてみたい、読んでみたい、やってみたいといった心情・意欲・態度を培うことが求められます。学習能力の前提として感性の育ちがとても重要です。なぜなら学習とは、自分もやってみたいという意欲や、自分に取り入れた知恵を実際に使ってみたいという態度や、できたら嬉しい、みんなと一緒に学ぶことが楽しい、といった心情を感じるところからがスタートだからです。これらの感性の育ちが今のリュウくんに不十分だと感じるからこそ担任は気になるのです。

　しかし、それは担任の、大人の困り感ではないか、吟味する必要があります。担任が困っているからリュウくんをなんとかしようと考える道すじは、子どものニーズに応じた保育につながっていきません。リュウくんの困り感にこそ思いを寄せて、リュウくんの困り感を軽減する方向で考えていくことが大事です。

　リュウくんには目を見張るほどに豊かな恐竜の知識があります。興味のあることなら知識を得る能力があることを示しています。得た知識を自らに定着させて、必要に応じて取り出して使えることは大変知的な行為です。けれど絵を描いたり文字を書くということには、興味を示しません。文字への興味は個人差が大きいものです。「小学校入学時点で読み書きに差があっても、1年生の夏休みが終わる頃には、差がなくなってしまうことがほとんどです。学習障害（LD）の子どもたちの場合、困難さがはっきりするのは小学校入学後です。あまり早くからあせる必要はないのです」（鳥居深雪編著『こんな子いるよね！幼児期からの特別支援教育』明治図書、2008、p.121）。

　リュウくんが恐竜になりきっている行動は何を表しているのでしょうか。もしかしたら、傷ついたり、不安を抱いたりすることから、強くてかっこいい恐竜になることで自分を守っているのではないでしょうか。

チェックポイント

① リュウくんの困り感が大人の困り感にすりかわっていないか。
② いまあるリュウくんの得意（資源・能力）を保育の中で活かせているか。
③ 保育者が具体的行動のモデルになれているか。

「知的発達の遅れ／LD傾向」の問題とは？

「LDは漢字の読み書きや数計算などの学習上の問題が明らかにならなければ診断できません。そのため、学習障害の多くは就学後に診断されます。だからといって、保育所や幼稚園、または1歳半健診などでこの障害を持つ子がいないということではありません。問題があるとしても乳幼児期には潜在化しているといってよいと思います」(中田洋二郎『軽度発達障害の理解と対応』大月書店、2006、p.67)。「学習障害の子どもたちは概して『不器用さ』を抱えています。不器用ということは『うまくできない』という失敗体験を積み重ねてしまう状態像です」(木村順『育てにくい子にはわけがある』大月書店、2006、p.148)。

心配なのは、そのことで子どもが自己肯定感を持ちにくいことです。また、子どもが自分ではどうすることもできない「不器用さ」を抱えていても、言葉で言い訳ができたり、部分的に社会性が長けていたりすると、「口先ばっかり」という誤解を招きかねないおそれもあります。

■支援の具体的手立て

(1) その子のペースで参加できるように関わる

〔お手紙ごっこでクラスの友達に手紙を書いている。他の子は着席して、手紙を渡したい友達を思い浮かべながら台紙に文字や絵をかいている〕

　リュウ「ガオォォ〜」（と保育室内を恐竜になりきって歩いている）
　保育者「リュウくんきょうりゅうさん、だれにお手紙をあげたいかな」（とさりげなく手をつないで机に連れて行く）
　リュウ「ガオォォ〜」
　保育者「クラスの友達でなくても、恐竜の仲間でもいいよ。プテラノドンにする？ ステゴザウルスにする？」（保育者が活動の枠組みをリフレーミングする）
　リュウ「ガオォォ〜」（と言いながら、他の子が書いている台紙を覗き込む）
　保育者（プテラノドンとステゴザウルスの絵を「どっちがいいかな〜」と尋ねながら、保育者が2体描いてみる）
　リュウ（保育者の描いた絵を覗き込みながら）「ガオォォォ」（と指さす）
　保育者「あ、こっちね。じゃぁ、いっしょに描いてみようか」

リュウくんはずっと恐竜の世界で遊んでいたいわけではないのです。ある程度、満足したり、自分にもやれそうだなと思えたのなら、リュウくんだってクラスの活動をやってみたいのではないでしょうか。ただし、自分のペースで自分なりにやってみたいのです。

このように子どもの主体性を大事にする考え方で関わることを、実存主義的アプローチと言います。原因を追及したり、因果関係で納得するのではなく、子どもが自分自身の生き方を選び取って、人生の主人公になることを目指します（國分康孝『カウンセリングの理論』

第3章　事例で考える　保育者のためのカウンセリング・テクニック　おおむね1歳半〜6歳

誠信書房、1980、p.186)。まずは保育者が他の子どもたちの周辺に連れて行ってみましょう。他の子どもたちの意欲や興味が感じられる物理的な距離が大事です。そして、参加できるためにはポイントがあります。

① 正しさやルールの堅守を問いません。
② その活動を共に楽しむ仲間として迎えましょう。
③ 参加するきっかけは保育者や仲間の誘いかけです。
④ 参加できたら、その活動を継続的に楽しめるようにしましょう。
⑤ その活動をその子にとって自信が持てる活動にしていきましょう。

(2) 子どもの困り感に、一問一答のやりとりを応用して関わってみよう

> リュウ　「ガオォォ〜」（と言いながら、他の子がお手紙ごっこの紙に書いている絵を覗き込む。その様子を、保育者はリュウくんは興味があると捉えた）
> 保育者　「ほんとうは書けるようになりたいんだよね、リュウくん」（本音の共感）
> リュウ　「……」（保育者の肩にリュウくんの身体がしなだれかかる）
> 保育者　「いつかリュウくんが書けるようになるといいな」（としなだれかかっているリュウくんの身体に保育者の手を添える）（願いの共有）
> リュウ　（首を縦に振ってうなずく。保育者の話が終わってから、ゆっくり身体を離しておもむろに再び恐竜のポーズで歩き出す）

字が書けるようになりたい、けれど、どうしたらいいのかわからない。これがおそらくリュウくんの困り感です。この困り感にこそ、寄り添いたい。寄り添うことの一つには、対話のやりとりが1センテンス（1文）ごとに交代されるやりとりです。保育者の願いばかりを立て続けに伝えていませんか？　子どもからの言葉がなくても、1センテンスを意味する非言語でのやりとり（しなだれかかる・うなずく）を確認しながら関わってみましょう。

(3) 文字や言葉と楽しく関わることができる環境を工夫しよう

リュウくんの困り感について、環境を工夫することで寄り添っていきましょう。視覚的手段は有効です。絵文字カードや写真など視覚的選択肢を用意し、生活の流れや伝えたいことを、子どもが自分でわかったり考えたりすることができるようにします。絵文字カードやひらがなカルタなど、遊びながら、楽しいと感じることで身に付けられるようにしていきます。

（栗原ひとみ）

参考事例　Check it out!　本書姉妹書『〜保護者支援、先生のチームワーク編』p.102

子どもが虐待を受けているかも？と思ったときに
～他機関との連携について～

Column

児童虐待を発見する難しさ～心理的な壁～

　保育現場で相談を受けていると、しばしば次のような質問を受けることがあります。それは、「子どもが置かれている状況は不適切だと思うけれど、これを児童虐待と考えてよいのかわからない、どう対応してよいかわからない」といったものです。

　こうした保育者の迷いの背景には、様々な理由があります。最も多いのは、保護者のことを「虐待をする人」と見なしてしまうことへの抵抗感があげられます。子どもの受けている養育を「虐待」としてしまうと、その親は自動的に「子どもを虐待している人（虐待者）」となってしまいます。普段から、子どもだけでなく保護者のことも支援しようと、子育ての苦労や気持ちに寄り添い、心をくだいている保育者にとっては、『虐待事例』として他者に相談することや通報することは、親への裏切りのように感じてしまうようです。

　また、保護者の中には、些細なことで子どもを強くしかったり叩いたりするなど不適切な行為はあるものの、その一方で確かに子どものことを大切に思っていたり強い愛情を抱いていると、日々の関わりの中で保育者が感じられる場合も多くあります。このようなことがあると、保育者にとって簡単に保護者の行為を虐待とみなすことが難しくなります。

　このほかにも、自分の判断に自信が持てなかったり、どこに相談してよいのかわからない、相談したあとどうなるのか予想できない、思い切って身近な同僚に相談してみたものの「まさか!?」と同意してもらえなかったということがあったりすると、「ひょっとして、虐待かも……」とは、ますます口にしにくくなります。

　特に、性的虐待の疑いなどの場合は、そもそも外からはわかりにくい虐待であることに加え、保育者の中でも「そんなことがあるはずがない、あってはならない」とタブー視する気持ちが強く働くことから、疑う気持ちを表に出すことは大変難しくなります。聞かされた同僚もにわかには信じられず、否定したい気持ちが働き、「何かの間違いじゃないの？」とつい言ってしまうことが多いかもしれません。

児童虐待を判定する基準

　では、子どもが受けている養育が、児童虐待かそうでないかを判断する基準はなんでしょうか。答えは簡単で、「保護者の行っている行為が、子どもの不利益になっているか、いないか」

です。どんなに保護者が子どもを愛して大切に思っていても、あるいは子どもをよくするための『しつけ』だと考えていても、親の行為により子どもの体やこころに深い傷を与えるような行為は、虐待に近いものだと言えます。

　子どもを愛していても、同時に虐待するということはありえるのです。

他機関との連携について

　自分が担任している子どもが虐待を受けているかも……と感じたときには、一体どうすればいいのでしょうか。それは、「ひょっとしたら、虐待かも……」と心配になったところで、それぞれの地域の虐待対応を担っている機関、児童家庭相談室や子ども家庭支援センター、児童相談所、自治体の子育て支援課などの専門機関に「虐待ではないかもしれませんが、心配です」と相談することです。

　保育所や幼稚園で、子どもの受けている養育が児童虐待にあたるかあたらないかを判断する必要はありません。「心配している状況が虐待かそうでないかを相談」すればよいのです。その際には、子どもの怪我の様子や気になる様子を、日時とともにメモやスケッチして記録しておくと、相談する際に役立つでしょう。

　大切なことは、児童虐待かどうかであることよりも、子育てや子どもへの対応に苦労をしている保護者がいること、そして、その下でつらい思いをしている子どもがいることであり、そうした親子の大変な状況に周囲が気づき、サポートすることです。そのためには、保育者の中、保育所や幼稚園の中だけで問題を抱えて困り続けるより、少しでも多くの人の力を集め、協力して援助にあたることが効果的です。

　「虐待かもしれない」と相談してしまうと、すぐに他機関が介入し、保育者と保護者との信頼関係が壊されてしまうかもしれないと心配になるかもしれませんが、実際にどのように援助を進めていくかは、保育者も関係機関と一緒に考えていきます。相談した保育者の意見を聞かずに、関係機関が一方的に保護者に関わるようなことは基本的にはありません。

　保育所や幼稚園は子どもの安全をしっかりと見守ることができる場所であると同時に、子どもにとっては安心の砦です。保護者にとっても、子どもを育てる力強い味方であり、日々の子育ての大変さと保護者なりのがんばりをもっとも理解してもらえる頼りになる存在です。子どもの心身を傷つける行為からは目をそらさず、保護者なりの愛情や子どもを思う気持ちをしっかりと肯定し、尊重しつつ関わる姿勢が大切です。

（加藤尚子）

編著者・執筆者一覧

● 編著者

諸富祥彦（明治大学文学部教授）

冨田久枝（千葉大学教育学部教授）

● 執筆者

阿部智子（ベネッセ 市ヶ尾駅前保育園園長）コラム（p.34、p.64）

石井ちかり（箱根町教育委員会指導専任主事）1章12

大熊光穂（聖徳大学短期大学部准教授）3章［〜1歳半］事例4〜6、［1歳半〜］事例4・5

加藤尚子（明治大学文学部准教授）コラム（p.36、p.164）

栗原ひとみ（植草学園大学発達教育学部准教授）3章［1歳半〜］事例16〜20

桑原千明（文教大学教育学部専任講師）1章2〜4・8・10・11

進藤祐理子（ベネッセチャイルドケアセンター新横浜主任）コラム（p.74、p.76）

鈴木裕子（〔青森県〕浪打カトリック幼稚園園長）3章［1歳半〜］事例7〜12

田爪宏二（京都教育大学教育学部准教授）3章［〜1歳半］事例7・8、［1歳半〜］事例6・13〜15

田中睦美（子ども家庭支援センター子ども家庭相談員）コラム（p.142）

冨田久枝（上掲）2章、3章［1歳半〜］事例1、コラム（p.116）

真鍋　健（千葉大学教育学部助教）3章［〜1歳半］事例1〜3、［1歳半〜］事例2・3

諸富祥彦（上掲）1章1・5〜7・9

（五十音順／職名は執筆時現在）

●編著者プロフィール

諸富祥彦（もろとみ・よしひこ）：明治大学文学部教授

筑波大学大学院博士課程修了。千葉大学教育学部助教授等を経て、現職。教育学博士。日本カウンセリング学会理事、教師を支える会代表。臨床心理士、上級教育カウンセラーなどの資格を持つ。テレビ・ラジオ出演多数。
『「子どもにどう言えばいいか」わからない時に読む本』（青春出版、2015年）、『子育ての教科書』（幻冬舎、2015年）、『男の子の育て方』『女の子の育て方』『ひとりっ子の育て方』『ひとり親の子育て』（WAVE出版、2009年、2010年、2013年、2015年）、『はじめてのカウンセリング入門（上）（下）』『新しいカウンセリングの技法』（誠信書房、2010年、2014年）、『教師の悩みとメンタルヘルス』『図とイラストですぐわかる 教師が使えるカウンセリングテクニック』（図書文化社、2009年、2014年）、『チャートでわかる カウンセリング・テクニックで高める教師力（全5巻）』（ぎょうせい、2011年）など著書多数。
研修会等の情報については、ホームページ（http://morotomi.net）参照。

冨田久枝（とみた・ひさえ）：千葉大学教育学部教授

和泉女子短期大学児童福祉学科卒業。日本女子大学家政学部児童学科卒業。筑波大学大学院教育研究科カウンセリング専攻修了。博士（心理学）。
20余年にわたり幼稚園教諭、教頭として勤務。その後、産業能率大学講師、山村学園短期大学助教授、鎌倉女子大学准教授等を経て、現職。
現在、乳幼児保育の現場で「保育カウンセラー（臨床発達心理士・学校心理士等）」として発達支援を行っている。
主な著書に、『保育カウンセリングへの招待』（北大路書房、2007年）、『保育カウンセリングの原理』（ナカニシヤ出版、2009年）、『実例でわかる 保育所児童保育要録作成マニュアル』『実例でわかる 幼稚園幼児指導要録作成マニュアル』（成美堂出版、2013年、2015年）など。

保育現場で使える カウンセリング・テクニック
──子どもの保育・発達支援編──

平成27年 6月10日　第1刷発行
令和 4年 3月 1日　第9刷発行

編　著　諸富祥彦・冨田久枝
発　行　株式会社　**ぎょうせい**
　　　　〒136-8575　東京都江東区新木場1-18-11
　　　　URL：https://gyosei.jp

　　　　フリーコール　0120-953-431
　　　　ぎょうせい　お問い合わせ　検索　https://gyosei.jp/inquiry/

〈検印省略〉

印刷　ぎょうせいデジタル株式会社
乱丁・落丁本は、送料小社負担にてお取り替えいたします。
© 2015 Printed in Japan　禁無断転載・複製
ISBN978-4-324-09956-8（3100525-01-001）

［略号：保育カウンセリング（子ども）］

"量"の拡充が進む今だからこそ、
保育と子育て支援の"質"を大切にしたい。

子どもの育ちを
支える方々のために
すぐ役立つ
技と知恵を凝縮！

保育現場で使える
カウンセリング・テクニック
［全2巻］

諸富祥彦・冨田久枝【編著】
B5判・並製本カバー装

各巻定価　2,310円（税込）

子どもの保育・発達支援 編

○発達上の課題を抱える子、ちょっと気になる子。──そんな子どもたちの心を支え、問題を解決するのに役立つ「カウンセリング技法」を豊富に紹介します。
○よくある現場の悩みや子どもの状態・問題を題材としたケーススタディ形式。会話例も豊富に盛り込みました。

〔主な目次〕　第1章　子どもと関わるカウンセリング・テクニック
　　　　　　　第2章　保育現場から見える"いまどき"の子どもたちの姿
　　　　　　　第3章　事例で考える　保育者のためのカウンセリング・テクニック

保護者支援、先生のチームワーク 編

○「課題を抱える子とその親への一体的な支援」とは？「保護者自身の問題」に対しては何ができるのか？「先生自身の人間関係」をスムーズにするためには？「カウンセリング技法」を生かした支援・解決策を紹介します。
○「子どもが好き。だからこの仕事に就いたのに……」。保護者や同僚・先輩ら「大人への対応」で悩んでいる先生方のための具体的ヒントが満載です。

〔主な目次〕　第1章　保護者や他の先生と関わるカウンセリング・テクニック
　　　　　　　第2章　"いまどき"の保育者の悩み──大人対応に振り回される保育現場
　　　　　　　第3章　事例で考える　保育者のためのカウンセリング・テクニック

お近くの書店または弊社までご注文ください。

株式会社 ぎょうせい　〒136-8575　東京都江東区新木場1-18-11
フリーコール：0120-953-431　［平日9～17時］
フリーFAX：0120-953-495　［24時間受付］
Webサイト：http://gyosei.jp　［オンライン販売］